什么是文化史

（第三版）

What is Cultural History?

(Third Edition)

〔英〕彼得 · 伯克（Peter Burke）著

蔡玉辉 译　杨豫 校

著作权合同登记　图字：01－2020－0342

图书在版编目(CIP)数据

什么是文化史:第三版/(英)彼得·伯克著;蔡玉辉译.—北京:北京大学出版社,2020.11

(历史与理论)

ISBN 978－7－301－31756－3

Ⅰ.①什…　Ⅱ.①彼…②蔡…　Ⅲ.①文化史学　Ⅳ.①K03

中国版本图书馆CIP数据核字(2020)第192441号

书　　名　什么是文化史(第三版)
SHENME SHI WENHUA SHI (DI-SAN BAN)

著作责任者　〔英〕彼得·伯克　著　蔡玉辉　译　杨豫　校

责任编辑　赵　维

标准书号　ISBN 978－7－301－31756－3

出版发行　北京大学出版社

地　　址　北京市海淀区成府路205号　100871

网　　址　http://www.pup.cn　新浪微博：@北京大学出版社

电子信箱　pkuwsz@126.com

电　　话　邮购部010－62752015　发行部010－62750672
编辑部010－62757742

印 刷 者　涿州市星河印刷有限公司

经 销 者　新华书店
880毫米×1230毫米　A5　7.5印张　190千字
2020年11月第1版　2024年1月第3次印刷

定　　价　58.00元

目　录

致　谢

很多年来,我在课堂上讲授文化史,同时也在做文化史。要想一一记起都有谁给过我有益的评论,或是向我提出过刺激性的问题,这有点太难了。不过,有一点我很清楚,这本书里讨论到的那些历史学家,我在跟他们交流或是阅读他们的著作时获益良多,像牛津的基思·托马斯,巴黎的丹尼尔·罗什、罗歇·夏蒂埃和德尼·克鲁泽(Denis Crouzet),普林斯顿的娜塔莉·戴维斯和罗伯特·达恩顿,还有荷兰历史学家的圈子,包括安东·布洛克(Anton Blok)、扬·布雷默(Jan Bremmer)、鲁道夫·德克尔(Rudolf Dekker)、弗洛利科·埃格蒙德(Florike Egmond)和赫尔曼·鲁登伯格(Herman Roodenburg)。尤其是有关记忆的历史,我从阿莱达·阿斯曼和扬·阿斯曼,以及杰伊·温特(Jay Winter)那里学到很多。跟帕特里克·沙巴尔(Patrick Chabal)的讨论,帮助我明确了自己的想法,同时也让我了解了一个相邻的学科;当时,他正在写作一本从文化角度探讨政治学的书——《文化困扰》(*Cultural Troubles*)。一些不知名的读者对本书最初的计划以及上一个版本所做的评论,也给了我不少帮助。此外,我还要感谢我的朋友和同事詹姆斯·邓肯(James Duncan),他对本书最初的后记和这一版中经过修订并命题为"21世纪的文化史"的部分给出了评述。

我亏欠我的妻子玛丽亚·露西亚·帕拉蕾丝-伯克特别多,她也是一位文化史学家。我第一次遇到她是在圣保罗大学,当时她邀请我去做一次演讲,题目是“所谓‘新史学’”。我们曾经多次讨论文化史,尤其是在她编辑她的那本访谈录《新史学:自白与对话》(*The New History: Confessions and Conversations*)的时候。她也是这本书的草稿的读者,跟以往一样,她提出了不少改进本书质量的不可或缺的建议。这本书是献给她的。

我还要感谢我在伊曼纽尔学院的同事大卫·马克斯维尔,他在我对第三版所做的文本修改中,在宗教整体研究,尤其是全球基督教教义的文化转向上,为我提供了指导。

导　论

文化史,昔日学科之林中曾经被那些更为成功的姐妹们瞧不起的灰姑娘,却在20世纪70年代被重新发现。本书书末附录所提供的那一长串按出版时间先后排列的书单可以证明这一点。从此,至少在学术界,文化史尽享其复兴之盛。然而,在电视媒体上播出的历史类节目,绝大部分的内容仍然是关于军事史和政治史,其次才是社会史,至少在英国如此。对于像我这样一个已经从事了此项学科研究四十余年的人来说,这种兴趣的复兴自然极其让人欣慰,但是,我们仍然需要对这种现象做出解释。

本书的目的不只是要明确地解释文化史得以被重新发现的原因,还要明确地解释文化史是什么;更确切地说,是要解释文化史学家所做的是哪些事情,解释他们为什么不仅关注文化的多样性、争论与冲突,还关注于一些共同的问题和共同的传统。在这个解释的过程中,我们试图将两种相互对立但又相互补充的研究路径结合起来:一种是内部研究法,即着眼于在本学科范围内来解决一系列问题;另一种是外部研究法,亦即把历史学家的实践跟他们生活的时代联系在一起。

内部研究法将当前文化史的复兴视为对以前研究历史的方法的反动,因为以前的研究方法遗漏了某种难以捉摸却又非常重要的东西。根据这种来自学科内部的观点,文化史学家所触及的那部分过去是其他历

史学家难以企及的。他们强调复数形式“文化”[1]的整体性，从而提供
2 了一种弥补手段，可以克服当前历史学科的碎化状态，即将历史学碎化为人口史、外交史、妇女史、观念史、商业史、战争史等专门领域。

外部研究法，或者说来自学科外部的观点，也有所启发。首先，它将文化史的兴起与政治学、地理学、经济学、心理学、人类学和“文化研究”等领域中发生的广泛的“文化转向”联系起来。这一点在“21 世纪的文化史”这一章中有更详细的讨论。这些学科内部发生了转变，至少有少数学者发生了这种转变，亦即他们过去主张不变的理性（例如投票或消费行为理性选择理论），但现在他们的兴趣日益转向价值观，即特定的群体在特定的时代和特定地点所持有的价值观。

美国政治学家塞缪尔·P. 亨廷顿（Samuel P. Huntington，1927—2008）的看法的转变就是这种时代变化的一个信号。他认为，在今天的世界上，文化差异比政治或经济差异更为重要，因此“冷战”结束以来我们所看到的，与其说是国际间的利益冲突，不如说是“文明之间的冲突”。知识氛围发生变化的另一个迹象，是文化研究在世界范围内取得了成功。比如在 20 世纪 90 年代的俄罗斯，文化学（*Kul'turologija*）[2]（在俄国的称呼）已经列入高等学校的必修课程。这门课程的主要内容是俄罗斯的认同，通常由以前讲授马列主义的教授来授课，但他们已经从历史的经济解释转向了历史的文化解释。[3]

---

〔1〕 原文中作者在此使用的“文化”一词是复数形式，即“cultures”，显然是要包括世界上各种不同的文化。多元文化正是本书作者一向坚持的观点。——译注

〔2〕 文化学的俄语原文为 kyльтурология。——译注

〔3〕 Samuel P. Huntington, *The Clash of Civilizations and the Remaking of World Order* (New York, 1996); Jutta Scherrer, 'Kul'turologija', *Budapest Review of Books* 12: 1-2 (2003), 6-11.

这种文化转向本身也是上一代人的文化史的一部分。这种转向与学术界之外某种观念的转变联系在一起,体现在日益增多的日常用语里,诸如“贫穷文化”“恐惧文化”“枪支文化”“少年文化”或“社团文化”,等等,还体现在美国出现的所谓“文化战争”,以及许多国家关于“多元文化主义”的争论中。今天许多人不时挂在嘴边的“文化”一词,如果在20年或30年以前,他们可能说的是“社会”。

这些用语的流行可以说明一个问题,要把什么东西说成不是“文化”,反倒变得愈来愈困难了。历史研究亦不能例外于这一普遍的潮流。什么是文化史?这个问题早在一百多年前的1897年就由德国历史学家卡尔·兰普雷希特(Karl Lamprecht)公开提出。他是一位先驱式的历史学家,同时也带有一些反叛的倾向。但无论如何,这个问题仍然有待于给出明确的答案。读者们可以看到一些诸如长寿、阴茎、带刺的铁丝网、气候、鬼魂和自慰等的文化史。文化这一主题的边界显然扩大了,因此,要准确地说出它到底包括哪些内容,变得越来越困难了。

3

要解决文化史的定义问题,这里也许有一个办法,即将注意力从研究对象转移到研究方法上去,尽管在这里我们发现仍然存在着分歧和争论。有些文化史学家凭直觉工作,比如雅各布·布克哈特(Jacob Burckhardt)就说过,他凭的是直觉;有些试图采用计量的方法;有些把自己所做的工作描述为对意义的探索;还有一些将重点放在实践和表象(practices and representation)上。有些认为自己的目标本质上是进行描述;也有一些认为,文化史就像政治史一样,不仅可能而且应该以故事的形式来展现。

文化史学家的共同基础也许可以这样来表述:他们关注符号(the symbolic)以及对符号内涵的解释。符号,无论是有意识的还是无意识的,从艺术到日常生活,处处可见。但是,用符号学手法研究过去,只是众多方法中的一种。例如，裤子的文化史与裤子的经济史就不相同；同样，议会文化史也有别于议会政治史。

无论是众说纷纭也好（持反对态度的人如是说），还是对话也罢（对此感到兴奋的人如是说），最明智的做法也许可以采用让-保罗·萨特论人性的那句格言，下这样一个断语：文化史尽管没有本质，但它却有自己的历史。以过去为内容的阅读和写作活动，同其他活动一样，也要受时间的限制。因此，本书会不时地去评论文化史的文化史，把文化史看作一种文化传统的例证，这一传统持续发生转变、不断地适应新环境。

更准确一点来说，每个文化史学家的作品都应该被重新放置于若干个不同的、通常以国界来划分的文化传统中的某一个传统中来看待。4 18世纪末以来的德意志传统的重要性将在本书随后的叙述中变得越来越明显，虽然直到21世纪，相对来说，德国人对这类历史的重要性做出的贡献还不够，未来的文化史学家仍然会指出来这个问题。荷兰的传统可以看作是从德国传统中派生出来的，但这一支脉却不断地昌盛起来。英语世界对文化史的态度存在明显的反差，北美有对文化史感兴趣的传统，而英国的传统却是排斥文化史。同样，许多年来，英国的人类学家将自己的学科称作"社会的"人类学，而他们的美国同行却自称为"文化的"人类学。在文化史领域中尤其如此。北美人，尤其是那些说德语的移民后代，从彼得·盖伊（Peter Gay）到卡尔·休斯克（Carl Schorske），都接受或汲取了德国的传统，并在此过程中对它进行了改造。美国人对文化的兴趣与其移民传统之间的联系显然是相当密切的。如果确实如此的话，文化史在英国也应该会有可观的前景。

法国的传统很特别，他们选用别的词，但不管怎么说，避免使用"文化"一词，直到20世纪末仍然如此。他们关注的焦点是文明（civilisation,就像从文学家转为政治家的弗朗索瓦·基佐[Francois Guizoi]在他著名的《欧洲文明史——自罗马帝国灭亡到法国大革命》[*Histoire générale de la civilisation en Europe depuis la chute de l'empire romain jusqu'à la Révolution française*,1828]中所表现的那样)。法国历史学家后来又增加了集体心态(mentalités collectives)和社会集体想象物(imaginaire social)这样的概念。与《年鉴》杂志有关的一些历史学家在过去的三四代人的时期里,为这个领域做出了一系列重大贡献:马克·布洛赫(Marc Bloch)和吕西安·费弗尔(Lucien Febvre)时代,对心态史、情感史或"集体表象"(collective representations)的历史研究做出了诸多贡献;费尔南·布罗代尔(Fernand Braudel)时代,对物质文明史(civilisation matérielle)也做出了突出贡献;雅克·勒高夫(Jacques Le Goff)、伊曼纽尔·勒华拉杜里(Emmanuel Le Roy Ladurie)和阿兰·科尔班(Alain Corbin)时代,对心态史(再一次)和社会想象的历史做出了巨大贡献。由三四代人所构成的这一历史学派保持着持续的创造力,如此卓然不群,这本身就值得做一番历史的研讨。我个人的看法,姑妄言之:这个学派的领袖们有着超凡的魅力,足以吸引天才的追随者;与此同时,他们又非常开放,能够让这些追随者以各自的方式得到发展。 5 这一独特的传统与所谓的对德国式文化史的"抵制"有一定的联系(尽管这里应该注意到,费弗尔对荷兰人约翰·赫伊津哈[Johan Huizinga]十分赞许)。这种抵制在21世纪似乎正在消解,与此同时,法国的史学传统也不再显得那么独特。

在本书后面的论述中,我们将会看到,在更为一般性的文化史中,有些运动或者趋势常常戛然而止。这并不是因为它们已耗尽了潜力,而是因为被竞争者所取代。这些竞争者,我们或许可以称之为"年轻人",他们总是夸大自己的研究方法完全不同于前辈的,对于他们的知识前辈毕竟还是有一定的真知灼见的,这一点只能留待他们的下一代去发现了。

作为一名文化史家,许多年来,我已经尝试过下文所讨论的许多种不同的研究路径,从研究上层文化和大众文化的社会史、历史人类学到表演(performance)的历史。在这里,我想借用埃迪特·皮亚夫(Edith Piaf)的一句话:"我决不后悔。"(*je ne regrette rien*)而且,在我看来,所有这些研究路径仍然在继续产生洞见。

下述各章将按时代的顺序讨论过去、现在和未来文化史写作的主要方法。在讨论一些具体的例子时,就目前对这个已经碎化的领域拥有的有限知识所及,我将试图公平处理不同历史时期、不同地域和不同学术门类的著述。这些学科门类包括艺术、建筑、地理、文学、音乐和科学,也包括纯粹的"历史学"。

做出这样的决定必定要付出代价。近代早期研究领域中的一大批激动人心的著作在本书中将无法提及,其中有许多著作由我的朋友和同事写就。因此,请允许我在此郑重说明:总而言之,下述各章只是用举例的方式来加以说明的一个概述,并不试图列出和讨论上一代人出版的全部佳作。文中所引用的研究成果均使用英译本的书名和标题,但在必要的地方注明原版的出版时间。注释中引用的著作凡未注明出版地点的,均为在伦敦出版。书中提到的术语以及有关人物的信息均可在索引中查到。

6

第一章　伟大的传统

“文化史”这个名称并不是什么新发现、新发明。早在二百多年前的德国，就已经有在“文化史”（kulturgeschichte）名义下进行的研究，更何况在那之前，就已经出现了彼此独立的哲学史、绘画史、文学史、化学史和语言史等等。我们发现，18 世纪 80 年代以后，还出现了关于人类文化或某些特定地区或民族的历史研究。[1]

进入 19 世纪以后，在英国和德国，“文化”（Culture 或 Kultur）一词的使用越来越频繁，而法国人更喜欢用“文明”（civilisation）一词。例如，批评家马修·阿诺德（Matthew Arnold）于 1869 年出版了《文化与无政府主义》（*Culture and Anarchy*）一书；人类学家爱德华·泰勒（Edward Tylor）于 1871 年出版了《原始文化》（*Primitive Culture*）；与此同时，在 19 世纪 70 年代的德国，教会和国家之间发生了一场当时被称为“文化斗争”（Kulturkampf）的激烈冲突，用我们今天的话来说，就是“文化之

---

〔1〕 Peter Burke, ‘Reflections on the Origins of Cultural History’ (1991); repr. in *Varieties of Cultural History* (Cambridge, 1997); Don Kelley, ‘The Old Cultural History’, *History and Human Sciences* (9, 1996), 101-26.

战”（*culture wars*）。[2]

由于本章的篇幅所限，这里只能概述一下文化史的历史，梳理出几条主线，并厘清这些主线是如何交织在一起的。整个过程可以分为四个阶段："经典"阶段；始于20世纪30年代的"艺术的社会史"（social history of art）阶段；20世纪60年代的大众文化史的发现阶段；以及将在后面的章节中加以讨论的"新文化史"阶段。但是，有一点应当记住，这些阶段的划分在时间上并不像某一事件发生过后人们所记住的那样清楚，新老风格的文化史之间存在着一些相似性或传承性，对此我们将会在适当的地方指出来。

8

一　经典文化史

一个时代的肖像

自1800年至1950年这一时期可以称作文化史的"经典"时代。英国批评家E. R. 利维斯（E. R. Leavis）曾经发明了"伟大的传统"这一词语来描述小说，我们不妨借用这个术语，把这个时期的文化史称作"伟大的传统"。这个传统包括一些经典著作，例如瑞士历史学家雅各布·布克哈特于1860年首次发表的《意大利文艺复兴时期的文化》（*Civilization of the Renaissance in Italy*），荷兰历史学家约翰·赫伊津哈

---

〔2〕 对英国相关内容的经典描述依然是雷蒙·威廉斯的《文化与社会，1780—1950》（Raymond Williams, *Culture and Society, 1780-1950*, 1958）。有关"文化斗争"（Kulturkampf，这是一位早期的人类学家鲁道夫·维乔[Rudolf Virchow]创造的名词）的内容，参见Christopher Clark and Wolfram Kaiser (ed.), *Culture Wars: Secular-Catholic Conflict in Nineteenth-Century Europe* (Cambridge, 2003)。

于1919年出版的《中世纪之秋》(*Autumn of the Middle Ages*),这两本书至今仍值得一读。两书中都隐含了历史学家的观念,也就是说,历史学家要描绘"时代的肖像"。这一说法是借用了第三本经典著作的副标题,即G. M. 扬(G. M. Young)所写的《维多利亚时代的英格兰——一个时代的肖像》(*Victorian England: Portrait of an Age*,1936)。

这个时期也可以称为"经典"时代:此时的文化史学家们关注的是经典作品,也就是艺术、文学、哲学、科学等学科中杰出作品的"典范"的历史。布克哈特和赫伊津哈两人既是艺术爱好者,也是业余艺术家。他们两人着手撰写自己的名著,为的就是要将一些作品放到各自的历史背景中去理解:赫伊津哈在书中讨论的是凡·艾克兄弟的绘画,布克哈特关心的是拉斐尔。[3]

这些文化史学家与那些研究艺术或文学的专门史学家有所不同,前者特别关注不同艺术类别之间的联系。他们根据不同的艺术类别与通常所说的"时代精神"(Zeitgeist)之间的关系来讨论这种联系。"时代精神"一词来源于黑格尔等哲学家。

因此,当时有一些德国历史学家把自己所做的工作形容为书写"精神史"(Geistesgeschichte)。Geistesgeschichte这一术语往往翻译为"精神史"或"心灵史",但也可以译作"文化史"。这类历史学的实践者对具体的绘画和诗歌等进行了"解读",将这些作品当做产生它们的那个文化及其时代的证据。通过这种做法,他们拓宽了诠释学,亦即解释的艺术的观念。诠释学(hermeneutics)这一术语原本是指对文本尤其是《圣经》文本的阐释,但它的内涵在19世纪有所扩大,包括了对人造物以及人类行为的阐释。

9

〔3〕 Francis Haskell, *History and its Images*(New Haven, 1993), 335-46, 482-94.

那个时代最伟大的文化史学家雅各布·布克哈特和约翰·赫伊津哈虽然是职业学者,但他们的著作却主要面向更广泛的公众读者,这绝不是偶然的。同样并非偶然的是,文化史在德国统一之前就在德语世界里得到了发展,而当时的德意志民族只是一个文化共同体,而不是一个政治共同体;文化史和政治史在当时的德意志被看作彼消此长,甚至是相互对立的。政治史在普鲁士占据着统治地位。利奥波德·冯·兰克(Leopold von Ranke)的追随者们将文化史斥为"外行",因为文化史所依据的不是档案馆里保存的国家文件,也无助于完成建立民族国家的重任。[4] 另一方面,在萨克森,古斯塔夫·克莱姆(Gustav Klemm)编撰了一套10卷本的《人类文化通史》(*General Cultural History of Humanity*, 1843—1952);与此同时,在巴伐利亚,克莱姆的同代人威廉·里尔(Wilhelm Riehl)也在论述文化史。

布克哈特的学术著作涉猎甚广,从古希腊开始,经由早期基督教的若干世纪,以及意大利文艺复兴时期,直到佛兰德斯画家彼得·保罗·鲁本斯(Peter Paul Rubens)生活的世界。相对而言,他对事件的历史关注不多,宁可将主要的篇幅用于唤回过往的文化,重点放在他所说的在这一过程中"反复的、经常出现的、典型的"因素上。他凭着直觉写作,沉浸于他所研究和试图做出概括的那个时代的艺术和文学之中,借助于各种事例、逸事和引语来描绘那个时代,在栩栩如生的描述中去唤醒那个时代。

比如,布克哈特在其有关文艺复兴的著作(即《意大利文艺复兴时期的文化》)中,描述了那一时期的艺术、文学、哲学乃至政治生活中的个人主义、竞争意识、自我意识和现代性。在其身后出版的《希腊文化

[4] Lionel Gossmann, *Basel in the Age of Burkhardt* (Chicago, 2000), 226, 254.

史》(*Cultural History of Greece*)一书中,布克哈特又回到这一主题,指出了竞赛(agon)在古希腊的生活、战争、政治、音乐,乃至在赛车或者奥林匹克运动会中的地位。他的前一本著作强调个人的发展,而后一本著作则强调两者之间的张力,即一面是作者所称的"冥顽不化的个人主义"和追逐名声的激情,另一面是要求个人服从于他所在的城市。[5] 10

赫伊津哈的研究同样涉猎广泛,从古代的印度到西方,从12世纪的法国到17世纪的荷兰文化,再到他那个时代的美国。他曾经批评过布克哈特对文艺复兴的解释,认为其解释将文艺复兴和中世纪区分得过于绝对,但他也是布克哈特的方法的支持者。在1915年发表的一篇论文[6]中,赫伊津哈讨论了生活理想的多样性和对黄金时代的各种看法,例如从文艺复兴到法国革命期间,对欧洲精英阶层有着极大吸引力的骑士崇拜或者叫作古典主义的理想。[7]

在1929年发表的另一篇论文中,赫伊津哈宣称,文化史学家的主要目标是描绘文化模式;换言之,就是要描述出一个时代具有特征性的思想与情感,以及它们在艺术和文学作品中的表达与体现。他建议,历史学家应通过对"主题""象征""情感"和"形式"的研究去发现这些模式。形式,换句话说就是文化的规则,在赫伊津哈的生活和他的作品中都很重要。他发现,他所说的"形式感的缺乏"阻碍了他对美国文学的

---

[5] Jacob Burckhardt, *The Civilisation of the Renaissance in Italy* (1860; English trans. Harmondsworth, 1990); id., *The Greeks and Greek Civilisation* (1898-1902; English trans. 1998). Burckhardt's term was *Kultur*, not 'Civilisation'.

[6] 即《历史上的种种生活理想》('Historical Ideals of Life')。——译注

[7] Johan Huizinga, 'Historical Ideals of Life' (1915); English trans. in *Men and Ideas* (New York, 1952), 77-96.

欣赏。[8]

赫伊津哈在《中世纪之秋》一书中实践了他在那些要目式的论文中提出的建议。该书讨论了诸如骑士风度那样的生活理想，也讨论了衰落感之类的主题，还有象征主义在中世纪晚期的艺术和思想中的地位，以及诸如对死亡的恐惧等一些情绪。该书把形式或行为规范放在中心位置。根据赫伊津哈的看法，"一个时代的热烈、狂放的精神"需要一个形式化的框架。比如说，怜悯、爱和战争要被仪式化和审美化，并服从一定的规则。在这一时代，"每一个事件，每一个行为，仍然体现在明确表达的、庄严的形式中。正是这些形式赋予事件和行为以仪式的庄严"。

也许有人会说，赫伊津哈研究文化史的路径就其本质而言是一种形态学的方式。但是，他不仅关注整体文化的风格，也关注具体的绘画与诗歌作品的风格。

11 这里只要简单归纳一下就会发现，这种文化史研究的要目并不像听上去那么抽象。赫伊津哈曾经写道："如果我们看不到生活在其中的人，怎么能形成对那个时代的想法呢？假如只能给出一些概括的描述，我们只不过造就了一片荒漠并把它叫做历史而已。"的确，在他的《中世纪之秋》一书中充盈着各色各样的人物，从擅长写江湖义士故事的诗人弗朗西斯・维永（Francis Villon）到神秘主义者海因里希・苏索（Heinrich Suso），从民众欢迎的牧师奥利维尔・马亚尔（Olivier Maillard）到宫廷编年史家乔治・夏特兰（Georges Chasterllain）。这本书的叙述风格也是声形并茂，形声则如闻钟鼓齐鸣，状物则如在眼前。该书

---

〔8〕 Johan Huizinga, 'The Task of Cultural History' (1929; English trans. in *Men and the Ideas*, 1952, 77-96 and 17-76; *America*, New York, 1972, 192, written in 1918).

既是优雅文体的文学杰作,又是一部历史学的经典。

从社会学到艺术史

这一时期,对文化史做出最大贡献的很多是来自大学历史系以外的学者,在德国尤其如此。社会学家马克斯·韦伯(Max Weber)出版的名著《新教伦理与资本主义精神》(*The Protestant Ethic and the Spirit of Capitalism*,1904),分析了他所说的"流行于西欧和美国的那种经济体系"的文化根基。韦伯的这部著作同样可以用"资本主义与新教文化"或"新教与资本主义文化"来做书名。

本质上,该书的要点是为经济变化做出文化的解释,强调新教伦理或新教价值体系,尤其是"天职"观对资本积累以及对商业与工业的大规模兴起所起的作用。在另一部专著中,韦伯论证了儒教的伦理像天主教伦理一样,对资本主义持敌视态度(要是他知道了20世纪60年代以来"亚洲四小龙"的崛起,恐怕会大吃一惊)。

在韦伯之后的一代人当中,另一位德国社会学家诺贝特·埃利亚斯(Norbert Elias),在某些方面也是韦伯的追随者。他的研究成果《文明的进程》(*The Civilizing Process*,1939)实质上也是一本文化史。他还汲取了弗洛伊德在《文明及其不满》(*Civilization and its Discontents*,1930)一书中提出的观点。弗洛伊德论证说,文化要求个人的奉献,一种是在性的方面,另一种是在进取的方面。

埃利亚斯以赫伊津哈关于"时代的热烈、狂放的精神"的研究为基础,集中研究了餐桌礼仪的历史,以便揭示西欧宫廷内自我控制或情绪控制的渐次发展过程,他把15世纪至18世纪之间"对于自我控制的社会压力"与政府的集权化和军事贵族的驯服或驯化联系起来。 12

埃利亚斯声称,他所描述的是"文明"而不是文化,是"人类存在的表层”而不是其深层，是刀叉和餐巾的历史而不是人类精神的历史。同样地，他的研究对我们今天可以称之为“自我控制的文化”的研究做出了主要贡献。

在德国式的文化史研究中，最富于创见而且最终产生了重大影响的人物之一是阿比·瓦尔堡（Aby Warburg），而他根本就不以学术研究为职业。他是一位银行家的儿子，拥有大量的私人资产，却放弃了继承权，将之让给了弟弟。他要求得到的唯一回报是给他一笔拨款，让他足以购买他所需要的全部书籍。后来的事实证明，他需要的书籍的确数量庞大，因为他的阅读兴趣非常广泛，包括哲学、心理学和人类学，还有自古希腊至17世纪的西方文化史。他的远大目标是为整体的“文化科学”（Kulturwissenschaft）做出贡献，赶走他所说的那些站在各门学科之间的“边界警察”。

瓦尔堡是布克哈特忠实的崇拜者，对布克哈特的“一贯正确的直觉归纳”钦佩不已，其实，他的著作相比之下同样宏富，但也更加碎化。他相信“上帝存于细节之中”，所以更愿意在著述中讨论意大利文艺复兴时期的某些具体的方面，而不愿意讨论他所说的“综合文化史的大目标”。[9] 瓦尔堡尤为关注古典传统及其漫长的转变过程。他在研究这一传统时，集中探讨了文化的或概念的图式或公式，例如表达特定感情的手势，或者诗人和画家如何用年轻女子的头发来表现风的流动。

事实证明，图式（schema）的观点对文化史家和其他人都产生了极大的推动力。心理学家曾经做过这样的论证，没有图式就不可能感知和记忆任何东西。这个观点也得到一些哲学家的赞同。卡尔·波普尔

---

〔9〕 阿比·瓦尔堡的著作最后还是翻译成了英语，即《异教古代文化的复兴》（*The Renewal of Pagan Antiquity*, Los Angeles, 1999）。

13

(Karl Popper)在《科学发现的逻辑》(*The Logic of Scientific Discovery*, 1934)中论证说,如果没有一个可供验证的假设,或一个选择原则,可以让观察者看到模式而不是一片混乱,便不可能正确地观察自然。汉斯-格奥尔格·伽达默尔(Hans-Georg Gadamer)在他的经典研究《真理与方法》(*Truth and Method*,1960)中同样声称,文本的解释依赖于他所说的"先入之见"(Vorurteil),换句话说就是"成见",而更准确的说法则是"预先判断"。

文学研究者也迈向了同一方向。恩斯特-罗伯特·库尔乌斯(Ernst-Robert Curtius)在纪念瓦尔堡的著作《欧洲文学与拉丁中世纪》(*European Literature and the Latin Middle Ages*,1948)中证明,诸如理想的风景、天翻地覆的世界或"自然之书"的比喻等修辞方式或惯用语,都具有永久的重要性。集中讨论图式的文本研究的另一个例子是威廉·廷德尔(William Tindall)所写的有关约翰·班扬(John Bunyan)的著作(将在第5章加以讨论)。

然而,文化图式的观念无疑是在恩斯特·贡布里希(Ernst Gombrich)的著作中得到了最充分的发展。贡布里希给瓦尔堡写过一本学术思想传记,他也接受了实验心理学和波普尔哲学的观点。在《艺术与错觉》(*Art and Illusion*,1960)一书中,贡布里希的中心论题是用各种不同方式称谓的诸如"真理与套式(stereotype)""公式(formula)与经验"或"图式与修正"等之间的关系。因此,他把古希腊艺术中自然主义的兴起描述为"源于对现实的观察而渐次积累的修正"。

文化创新往往是小群体的成果,而非个人之力。阿比·瓦尔堡之所以非常重要,并不仅仅是因为他的论著,尽管他的一些论著的确非常出色,而是依赖于他在一个学者群体中的核心地位。这个群体经常在瓦尔堡位于汉堡的图书馆里聚会,后来构成了瓦尔堡研究院的核心。

这些学者不仅对符号的历史感兴趣，也对古典传统产生了兴趣，正是这些兴趣把他们团结在一起。其中包括哲学家、《符号形式哲学》（*The Philosophy of Symbolic Forms*, 1923—1929）的作者恩斯特·卡西尔（Ernst Cassirer），艺术史家弗里茨·萨克斯尔（Fritz Saxl）、埃德加·温德（Edgar Wind）和埃尔温·帕诺夫斯基（Erwin Panofsky）。

比如，帕诺夫斯基写了一篇关于画像解释的经典论文，提出了一种视觉诠释学，把“图像研究”（例如对“最后的晚餐”的主题进行诠释）区别于广义的“图像学”。这种诠释学发现，某种文化或社会群体的世界观“浓缩进了一件作品之中”。[10] 图像研究法的另一个著名例子，是帕诺夫斯基在其学术生涯晚期所做的具有挑战性的学术讲座，后出版为《哥特式建筑与经院哲学》（*Gothic Architecture and Scholasticism*, 1951）。这个讲座充分证明，他明确而自觉地把注意力集中于讨论不同文化领域之间存在着的可能联系。

14

帕诺夫斯基在讲座一开始就指出，哥特式建筑同与托马斯·阿奎那（Thomas Aquinas）相联系的经院哲学在同一时间和同一个地方兴起，即发生于12世纪和13世纪的巴黎或巴黎附近。两场运动平行发展。但是，他的讲座要旨却不只是简单地追索建筑与哲学之间的平行发展过程。帕诺夫斯基同时还断言，两场运动之间存在着关联。

更准确一点说，帕诺夫斯基讨论这种联系，并非着眼于“时代精神”，而是被他称为“思维习惯”（mental habit）的东西从哲学领域到建筑学领域的扩散过程。这种“思维习惯”指的是一组这样的假设：存在

〔10〕 该书德文原文本于1932年发表，英文修订本于1939年发表，该文可以很容易地在帕诺夫斯基《视觉艺术的意义》一书中找寻到（Erwin Panofsky, *Meaning in the Visual Arts*, New York, 1957, 26-54）。

着对清晰组织和矛盾调和的需求。他意识到这有可能会遭到一些人的批评(而且后来的事实也证明的确如此),他们会认为这只不过是一种推测,因此他援引了“一小片证据”来加以反驳,即记载在一本建筑草图集上的一则与两位引发“争吵”的建筑学家有关的评论,以此来说明“至少在13世纪法国的建筑学家当中,确实有些人是严格按照经院哲学的方式来进行思考和行动的”。

大流散

帕诺夫斯基做有关哥特式建筑与经院哲学的讲座时,他已经在美国生活了好几年。1933年希特勒上台时,阿比·瓦尔堡已经去世,与瓦尔堡研究院发生过联系的一些其他学者都流亡国外。瓦尔堡研究院也受到了威胁,因为它的创始人是位犹太人,于是它被迁往伦敦,或许还可以说成是“被译往”(translated)伦敦。萨克斯尔与温德一道与研究所迁移。像帕诺夫斯基一样,卡西尔与另一位从事符号历史学研究的学者恩斯特·坎多罗维茨(Ernst Kantorowicz)则前往美国定居。这次迁移所产生的后果,对英、美这两个接纳他们的国家,对一般而言的文化史,乃至特殊而言的艺术史,影响都是巨大的。这是20世纪30年代中欧人大流散故事中的一个重要组成部分,其中大部分是犹太人,有科学家、作家和音乐家,也有学者。[11] 这件事情还为一个广受欢迎的瓦尔堡式的话题,即文化传统的传播与改造,提供了注解。 15

在20世纪初的美国,人们常用的关键词不是“文化”,而是“文明”。比尔德夫妇(Charles and Mary Beard)的著作《美国文明的兴起》

---

〔11〕 Daniel Snowman, *The Emigrés: Cultural Impact on Britain of Refugees from Nazism*, 2002.

(*The Rise of American Civilization*, 1927)就是一例。当时,比尔德夫妇和其他一些激进的美国历史学家参与了一场被称作“新史学”的运动。正是由于这场运动,美国的一些大学开始开设“文明”课程。比如,哥伦比亚学院在20世纪20年代为本科一年级学生开设了必修课“当代文明”。到20世纪中期,美国的许多大学都要求开设“西方文明”的课程,大致上相当于从古希腊到现代、“从柏拉图到北大西洋公约组织”的西方世界简史。[12]

然而,就学术研究传统而言,美国的“观念史”(history of ideas)研究传统比文化史更强,或者说,某种程度上更引人注目。这一现象的例证来自佩里·米勒(Perry Miller)的著作《新英格兰的思想》(*The New England Mind*, 1939),以及约翰·霍普金斯大学的阿瑟·洛夫乔伊学术圈子。这个学术圈以1940年创刊的《观念史杂志》(*Journal of the History of Ideas*)为核心,从事跨学科的研究,把哲学、文学和历史学联系在一起。

在20世纪30年代的英国,一批思想史(intellectual history)和文化史的著作正在写作中,这些作者一般不在大学的历史系。对这一传统的形成贡献最大的有巴西尔·威利(Basil Willey)的著作《17世纪的背景》(*The Seventeenth-Century Background*, 1934),该书是对“那一时代思想的研究”,由一位英语教授完成,目的是提供那个时代文学的“背景”。E. M. W. 蒂利亚德(E. M. W. Tillyard)的著作《伊丽莎白时期的世界图景》(*The Elizabethan World Picture*, 1943)也是剑桥大学的英语教

---

〔12〕 Gilbert Allardyce, ‘The Rise and Fall of the Western Civilization Course’, *American History Review*(87, 1982), 695-725; Daniel A. Segal, “‘Western Civ’ and the Staging of History in American Higher Education”, *American Historical Review*(105, 2000), 770-805.

授做出的又一贡献;G. M. 杨的《维多利亚时代的英格兰》则是一位天才的业余作者写就的一本著作。

上述这些著作都以思想为重点,但也有例外,如克里斯托夫·道森(Christopher Dawson)的《欧洲的形成》(*The Making of Europe*, 1932)。他写这本书时担任埃克塞特大学的"文化史讲师"。另外,阿诺德·汤因比(Arnold Toynbee)的多卷本著作《历史研究》(1934—1961)集中考察了21种相互独立的"文明",这位作者当时是英国皇家国际事务研究所所长。生物化学家李约瑟(Joseph Needham)也出版了里程碑式的研究成果《中国的科学与文明》(*The Science and Civilization in China*)。这部著作的写作计划确定于20世纪30年代,但它的第一卷直到1954年才问世。值得一提的是,英国在20世纪中期出版的并不多见的明晰晓畅的文化史专著之一,竟然出自一位科学家之手。

16

如同美国的情况一样,大流散对英国文化史的兴起起到了重要作用,同时对艺术史、社会学和某些流派的哲学的兴起也产生了重要影响。如果要举例说明这种碰撞所产生的结果,英国学者弗朗西斯·耶茨(Francis Yates)恰好就是这样一个例子。她原本是研究莎士比亚的专家,20世纪30年代末的一次宴会把她引进了瓦尔堡学派的圈子。按照她后来的说法,当时"一批令人振奋的学者和一个令人鼓舞的图书馆从德国来到了伦敦"。耶茨"开始尝试瓦尔堡学派的研究方法,将视觉材料用作历史证据"。她对超自然力研究——包括新柏拉图主义、魔术、犹太神秘哲学(Kabbalah)发生兴趣,则是那次会面的另一个结果。[13]

---

〔13〕 耶茨最为重要的著作有:《吉尔达诺·布鲁诺与隐士传统》(*Giordano Bruno and the Hermetic Tradition*, 1964)和《阿斯特赖亚:16世纪的帝国主题》(*Astrea: the Imperial Theme in the Sixteenth-Century*, 1975)。

在这次大流散中，还包括一批关注文化与社会之间关系的马克思主义者。

二 文化与社会

同英国一样，早在这次大流散发生之前，在美国，人们也表现出了对文化与社会之间关系的某种兴趣。比尔德夫妇所致力的文化的社会史研究就是早期的例证。这对夫妇在美国激进主义历史上占有重要的地位。查尔斯·比尔德（Charles Beard）在牛津大学读书时就帮助建立了罗斯金大楼，让工人阶级能够接受高等教育（准确地说，这一机构在当时称作罗斯金学院［Ruskin College］，是培育历史工作坊［History Workshop］运动的摇篮）。回到美国之后，比尔德发表了著作《美国宪法的经济学解释》（*An Economic Interpretation of the Constitution of the United States*, 1913），引起广泛的争议，因而备受关注。

17 比尔德的夫人玛丽·里特尔·比尔德（Mary Ritter Beard）是争取妇女普选权运动的主要人物，也是妇女研究运动的倡导者。查尔斯·比尔德与夫人合著的《美国文明的兴起》（1927）为文化变迁提供了经济和社会的解释。比如说，该书的最后一章集中研究"机器时代"，讨论了汽车在城市的价值观传播和"典型的精神兴奋"中发挥的作用，百万富翁对艺术的资助和庇护，美国科学所强调的重点（实用和大众），还讨论了爵士乐的兴起。

同样，中欧流亡学者的到来使英国和美国的学者们更加敏锐地意识到了文化与社会之间的关系。就英国而言，起关键作用的是三位匈牙利人，即社会学家卡尔·曼海姆（Karl Mannheim），他的朋友阿诺德·豪泽（Arnold Hauser），以及艺术史家弗雷德里克·安塔尔（Fredrick Antal)。[14] 他们三个人都曾经加入过"星期天社团"(Sunday circle),那是一战期间的一个讨论小组,以批评家乔治·卢卡奇(Georg Lukács)为核心,经常聚会。20 世纪 30 年代,他们三人都移居英国。曼海姆以原来法兰克福大学教授的身份改任伦敦经济学院的讲师,安塔尔由原来中欧的一个大学教授的身份去担任考陶尔德(Courtauld)学院的讲师,豪泽则成了自由作家。

曼海姆是马克思的崇拜者,但并不是严格意义上的马克思主义者。他对知识社会学抱有特别的兴趣,并使用历史的方法去进行研究,比如他对德国保守主义者的精神特点所做的研究。他的学术思想早在他居住在德国时就已经对本章所提到的两位学者,即诺贝特·埃利亚斯和埃尔温·帕诺夫斯基产生了影响,尽管帕诺夫斯基后来放弃了社会学取向。

安塔尔则在自己的著作和文章中把文化当作社会的表达甚或"反映"来加以研究。在他看来,佛罗伦萨文艺复兴时期的艺术所反映的是布尔乔亚的世界观。他还发现,威廉·贺加斯(William Hogarth)之所以能引起人们的兴趣,是因为"他的艺术揭示了……各个社会阶层的看法和偏爱"[15]。安塔尔在英国赢得了一批追随者,其中有《艺术与工业革命》(*Art and the Industrialization*, 1947)的作者弗朗西斯·克林根德(Francis Klingender)、安东尼·布伦特(Anthony Blunt),后者在成为著名间谍之前,在很长一段时间里一直是位艺术史学家;还有约

---

〔14〕 Peter Burke, 'The Central European Moment in British Cultural Studies', in Herbert Grabes(ed.), *Literary History / Cultural History: Force-Fields and Tensions*(Tübingen, 2001), 279-88.

〔15〕 Frederick Antal, *Florintine Painting and Its Social Background*(1947); *Hogarth and His Place in European Art*(1962).

翰·伯格(John Berger),也从社会的观察角度去研究艺术。

18

至于阿诺德·豪泽,则是一位比较传统的马克思主义者。他最重要的贡献是通过《艺术的社会史》(*The Social History of Art*, 1951)一书传播了该社团的研究方法。书中将文化与经济、社会的冲突和变化紧紧地联系在一起,比如在书中讨论了"中世纪末意大利的阶级斗争","作为中产阶级运动的浪漫主义",以及"电影时代"与"资本主义危机"之间的关系。

这里不应把克林根德、布伦特和伯格的例子简单地看作安塔尔产生的影响,更应该把这看作是文化的"接受"或文化碰撞的证据。一方面,这里面存在着文化抵制的问题,以至于曼海姆抱怨将社会学移植或"翻译"到英国时遇到的困难;另一方面,有些学术圈子已经做好了接受曼海姆思想的准备。20 世纪 30 年代和 40 年代,有一个英国的马克思主义知识分子小组在学术界内外都很活跃。从 1939 年到 1969 年一直担任伯明翰大学德语教授的罗伊·帕斯卡尔(Roy Pascal)写过一本有关文学的社会史著作。古典主义者乔治·汤普森的有关戏剧与社会研究的著名作品《埃斯库罗斯与雅典人》(*Aeschylus and Athens*, 1941)显然受到了马克思的启发。李约瑟也是应用了一种马克思主义的方法来构架他的《中国的科学与文明》。

《伟大的传统》一书的作者 F. R. 利维斯也对文化与其环境之间的关系抱有极大的兴趣。虽然他强调文学依赖于"社会文化和生活艺术"的观点并非来自马克思主义,而更多是因为对传统的"接近自然的共同体"抱有的怀旧之情,然而,要将"利维斯式"研究方法与马克思主义的研究方法结合在一起也并不困难。雷蒙·威廉斯在《漫长的革命》(*The Long Revolution*, 1961)一书中就做到了这一点。他在书中讨论了戏剧的社会史,还发明了一个著名的概念——"情感结构"(structures of feelings)。

三 民众的发现

“大众文化”(popular culture 或 Volkskultur)的观念,像“文化史”一样,也起源于同一个时间和同一个地方,即18世纪后期的德国。在这一时期,中产阶级知识分子开始发现民谣、民间故事、舞蹈、礼仪、艺术品和手制工艺品。[16] 但是,这种大众文化的历史过去一直属于古典学者、民俗学家和人类学家的研究领域,直到20世纪60年代,才有一批职业历史学家,其中主要是英语使用者,而不是全部,转向了对大众文化的研究。 19

关于大众文化的研究,一个早期的事例是1959年出版的《爵士风情》(*The Jazz Scene*)。作者署名为“弗朗西斯·牛顿”(Francis Newton),其实这是埃里克·霍布斯鲍姆(Eric Hobsbawm)的一个笔名。正如人们对这样一位著名的经济和社会历史学家所期待的那样,作者不仅讨论了爵士乐,还讨论了听音乐的公众;不仅将爵士乐看作一种职业,还把它看作一种社会和政治反抗的形式。他在结论中指出,爵士乐证明了这样一种状况,“当时的民间音乐并没有衰落,而是在现代城市与工业文明的环境中坚持下来了”。尽管该书充满了对大众文化史的感性观察,却没有对学术界产生它应有的影响。

在20世纪60年代的这类著作中,影响最大的当推爱德华·汤普森(Edward Thompson)的《英国工人阶级的形成》(*The Making of the*

---

〔16〕 Peter Burke, *Popular Culture in Early Modern Europe* (1978; 3rd edn. Farnham, 2009), ch. 1.

English Working Class, 1963)。汤普森在书中并不局限于分析经济和政治的变化对阶级的形成所起的作用,还考察了大众文化在这一过程中的地位。该书的内容包含许多生动的描写,如工匠的入帮仪式,集市在"穷人文化生活"中的地位,其中还讨论了食物的符号意义和骚动的标志,例如从旗帜或用长棍举着的条形面包,到街头悬挂的他们所痛恨的人物的模拟像。书中还对方言诗歌进行了分析,为的是可以触及汤普森所描述的——这里仍使用雷蒙·威廉斯发明的用语——工人阶级的"情感结构"。该书对卫斯理宗极为重视,从信徒布道的风格到对赞美诗的想象,其中特别强调了"因做礼拜而牺牲掉的""情感与精神活力"发生的移位。

汤普森对年轻一代历史学家产生了巨大的影响。这一点在20世纪60年代由拉斐尔·塞缪尔(Raphael Samuel)领导和发起的历史工作坊运动中表现得非常明显。塞缪尔曾执教于牛津的罗斯金学院。来自工人阶级的成熟的学生以那里为中心,主办了多次会议(塞缪尔更愿意称之为"工作坊"),并且创办了杂志《历史工作坊》(*History Workshop*)。塞缪尔在这份刊物上发表了大量的论文和研讨班的文章,激励了许多人去写作"自下而上"的历史(其中也包括文化史)。从德国到印度,研究大众文化的历史学家从极具魅力的汤普森那里得到了启示(见第六章)。

20

就在这一时期,以创新性杂志《年鉴》(*Annales*)为史学做出贡献的法国历史学家,也开始在研究方向上与其他国家的同行趋同,比如说,中世纪史学家雅克·勒高夫(Jacques Le Goff)和让-克洛德·施米特(Jean-Claude Schmitt),以及研究17和18世纪法国历史的罗贝尔·芒德鲁(Robert Mandrou),都为大众文化史做出了重要贡献。

对大众文化史的关注为什么恰恰在这个时候兴起呢？像通常一

样,这个问题也有两种主要的解释,即“内部的”解释和“外部的”解释。大众文化史学界内部认为,这是对以往的历史研究方法中的缺陷做出的反应,特别是过去的文化史将普通民众排除在外,而政治史和经济史也把文化排除在外。它们还倾向于将自己以及它们的群体视为绝无仅有的创新者,很少注意到在历史学科的其他领域中还有类似的发展趋势,更遑论其他学科或者学术界之外的类似潮流了。

大众文化史学界以外的人更倾向于从更宽广的背景去观察。他们指出,以英国为例,20 世纪 60 年代大众文化史与“文化研究”几乎同时兴起。这种“文化研究”以伯明翰大学的当代文化研究中心为榜样,该中心由斯图亚特·霍尔(Stuart Hall)担任主任。文化研究运动在世界各地取得的成功证明它是应运而生的。它是对一种批评做出的反应,这种批评主张无论是中小学还是大学,都把重点放在传统的高雅文化上。它也是对一种需要做出的反应,即需要理解这个充斥着商品、广告和影视的正在变化着的世界。

像伟大的传统和马克思主义的研究方法一样,大众文化史也提出了许多问题。这些问题近年来变得越来越明显,因此,下一章将对这些问题展开讨论。

第二章　文化史的问题

21　　正像人类的许多活动一样,为解决写作文化史的问题而提出的每一种方案或迟或早都会产生其自身的问题。如果我们不再阅读布克哈特的著作,蒙受损失的将是我们自己。同样,我们也不能误入迷途,对他的研究亦步亦趋。这不仅因为他是一个很难模仿的榜样,还因为这要求有一定的鉴赏力水平,而这一点恰恰是我们大多数人所缺乏的。相距一个多世纪以后再来看他的著作,书中的某些弱点变得愈发明显,赫伊津哈的著作和其他经典著作也是如此,其中使用的史料、研究方法和理论假设都需要被质疑。

一　经典著作的再评价

例如,让我们来看看文化史经典著作中处理史料的方法,特别是赫伊津哈在《中世纪之秋》一书中一再地使用少量文学作品作为他的史料。如果使用其他作者的作品的话,或许会描绘出一个完全不同的时代图景。文化史学家不应屈从于这样一种诱惑,亦即把某个时代的文本和画像当作时代的一面镜子,认为它们毫无问题地反映了作品产生的时代。

布克哈特在他那本关于希腊的著作(即《希腊文化史》)中指出,文化史学家得出的结论是相对可靠的。他提出,古希腊的政治史充满了不确定性,因为古希腊人喜欢夸大其词甚至撒谎。“文化史恰恰相反,它有起码的确定性,因为构成它的大部分资料是以原始史料和遗迹的形式,以一种不带意图、不受利益驱使,甚至是不自觉的方式表达的。”[1] 22

就可靠性的相对程度而言,布克哈特所言显然有一定道理。他对“不自觉的”表达所做的论证是令人信服的,即过去的目击者可以告诉我们一些他们并不知道自己已经知道的事情。同样,如果因此就断言例如小说或绘画总是与利益无关的,摆脱了情感或者宣传的影响,那就是不明智的。文化史学家像研究政治史或经济史的同行们一样,也需要对史料进行考证,需要问一问某个文本或画像产生的原因是什么,例如它是否带有目的,或试图说服观众或读者去采取某种行动。

就研究方法来说,布克哈特和赫伊津哈经常受到批评,被认为在写作时仅凭主观印象,甚至只依赖于轶闻趣事。众所周知,引起我们注意或让我们记住的总是那些我们个人感兴趣的东西,或者与我们所相信的东西正好吻合,但历史学家并未经常对这种评断的道德内涵进行过思考。“三十年前”,经济史学家约翰·克拉彭(John Clapham)有一次承认说,“我曾读过阿瑟·扬(Arthur Young)的《法国游记》(*Travels in France*),并且在上面做过标注,从那些做了标注的段落里得到了教益。五年前我把这本书重看了一遍,发现凡是在扬说到可怜的法国人的地方我就画上了记号,但是,在书中也有许多地方提到了快乐而富有的法国人,我却没有做任何记号。”当赫伊津哈为他所说的“没有哪个时代像正在消逝的中世纪那样,如此高度重视对死亡的想法”做说明时,有

---

[1] Jacob Burkhardt, *The Greeks and Greek Civilization*, English trans. ed. Oswyn Murray (1998), 5.

没有做过同样的事情呢？也许值得怀疑。

能否用“印象式的”来批评文化史呢？如果不是，那它又是别的什么呢？一种可能是法国人所说的“系列史”（serial history），换句话说，就是对一系列按时间顺序排列的档案所做的分析。在20世纪60年代，有一些法国历史学家已经在用这种方法对文化普及和“书籍的历史”进行研23 究，这个内容是本丛书中另一本专著的主题。[2] 例如，他们对法国在18世纪不同时期按照不同主题出版的书籍的数量进行了比较。[3] 用系列史的研究方法处理文本，在文化史的许多领域都是适用的，而且确实已经被用来分析遗嘱、特许状、政治传单等等。还有人用这种方式来分析图像，比如，分析来自某个特定地区例如普罗旺斯的圣像，以此来揭示宗教态度或者社会态度在几个世纪里发生的变化。[4]

克拉彭提出的有关在解读文本时主观任意的问题是个相当难解决的问题。然而，也有一个可能的解读方法作为选择，这种方法就是以前人们熟知的“内容分析法”（content analysis）。20世纪初，美国的新闻学校使用过这种方法；到“二战”期间，这种方法又被盟军用来从德国人的新闻公告中获取可靠的情报。具体步骤是从一个文本或者一集文本中计算出某个主题词或某些主题词出现的频率，再分析其中的“协方差”（covariance）[5]，也就是分析某些主题与另一些主题之间的

---

〔2〕 James Raven, *What is the History of the Book*? (Cambridge, 2018).

〔3〕 Francais Furet(ed.), *Livre et société dans la France du 18e siéle*(Paris/The Haguc, 1965).

〔4〕 Bernard Cousin, *Le Miracles et le quotidian: les ex-voto provencaux images d'une société* (Aix, 1983).

〔5〕 “协方差”是统计学的一个术语，是观察或测量同一平均时间的两个任意变量的变化的一个统计值。这个值等于这两个变量的各自平均值偏离其相应值的乘积。——译注

关联。

比如，当我们用这种方法来分析塔西陀（Tacitus）的历史著作时，就会发现书中含有“恐惧”（*metus*，*pavor*）意思的词出现的频率最高，于是可以将这视为证据，证明作者心中存在着有意识或无意识的不安全感。[6] 20世纪70年代，法国的圣克劳德（Saint Cloud）有一个研究小组，自称为“词汇计量学实验室”（Laboratory of Lexicometry），对法国革命进行了研究。他们将卢梭、罗伯斯庇尔和其他革命家写的文本中最常见的主题排列出来，结果发现了以下情况：在卢梭的《社会契约论》中出现最多的名词是“法律”（*loi*），而在罗伯斯庇尔写的文本中出现最多的是“人民”（*peuple*），罗伯斯庇尔还总喜欢将“人民”一词与“权利”（*droits*）和“主权”（*souveraineté*）等词连用。[7]

这种类型的内容分析也有一些棘手的问题需要回答。圣克劳德小组的成果是纯粹的描述，人们可能会提问，如果不是要验证一个假设的话，有必要投入这样大的精力吗？在任何情况下，要从词汇里推导出主题，无论怎么说都是一件困难的事情。同一个词在不同的语境下含有不同的意思，而主题则可能因不同的关联方式而变化。计量化的方法过于机械，对于多样性不够敏感，这是不言自明的。

24

如果把内容分析法与传统的文学细读法结合起来使用，至少可以纠正克拉彭所说的这类偏向。对“话语分析”（discourse analysis）也可以得出同样的看法。话语分析是指对比单句更长的文本进行语言学分析的一种方法。与已被其取代的内容分析法并不完全相同，它更加关

〔6〕“*metus*”和“*pavor*”参见 Arnold Gerber and Adolf Graef, *Lexikon Taciteum*（Leipzig, 1903）。

〔7〕Régine Robin, *Histoire et Lingustique*（Paris, 1973）, 138-58.

注日常会话、言语图式、文学体裁和叙事形式。[8]

还有一类问题涉及前提假设。恩斯特·贡布里希在他的演讲《寻找文化史》（“In Searh of Cultural History”）中强调了这个问题。这次演讲针对布克哈特和赫伊津哈，尤其对豪泽等马克思主义者展开批评，批评他们试图将自己的文化史建立在“黑格尔的基础”上，换句话说，就是以黑格尔的“时代精神”（*Zeitgeist*）概念为基础。这种说法在 18 世纪和 19 世纪之交的德语世界无疑是十分盛行的。[9] 接下来，我将把布克哈特和马克思主义者研究文化的方式做一个比较，首先讨论马克思主义者对经典著作的批评，然后讨论马克思主义文化史提出的各种问题。

二 马克思主义者的辩论

马克思主义者把经典的文化研究方式批评为“空中楼阁”，认为其缺乏与经济基础或社会基础的联系。正如布克哈特后来所承认的，他基本没有论及意大利文艺复兴时期的经济基础。与此同时，赫伊津哈在描述中世纪末的道德意识时，实际上完全忽视了黑死病。此外，在帕诺夫斯基的著作中，对于成就哥特式建筑和经院哲学的两个社会群体之间的联系，亦即工匠师傅与艺术大师之间的紧密关系几乎未置一词。

马克思主义者对经典文化史学家提出的另一个批评，是指责他们过高估计了文化的同质性而罔顾文化冲突。我们可以在爱德华·汤普

---

〔8〕 Alexandra Georgakopoulou and Dionysis Goutsos, *Discourse Analysis: An Introduction* (Edinburgh, 1997).

〔9〕 Ernst Gombrich, 'In Search of Cultural History' (1969; repr. in *Ideals and Idols*, 1979, 25-59).

森的一篇论文中找到这样的犀利批评，令人难以忘却。他在论文中把文化称作“包裹型的术语”，亦即将所有东西包成一团，掩盖了差别，容易“让我们产生一种超共识的和整体论的看法”。[10] 不同社会阶级的文化之间应当有所区别，男人与女人的文化之间应当有所区别，生活在同一个社会中但属于不同世代的人们的文化之间也应当有所区别。 25

另一种有效的区别方法或许可以称作“时区”之间的区分。正如德国马克思主义者恩斯特·布洛克（Ernst Bloch）在20世纪30年代所指出的，“并非所有的人都存在于同一个‘现在’。他们存在于同一个‘现在’也只是外在状态，是通过我们现在能看到他们这一事实来实现的”。事实上，“他们身上携带着以前的成分；这就是区别”。[11] 布洛克所思考的是20世纪30年代那些依然生活在过去的德国农民，或者是在他那个时代已经没落的中产阶级。但是，正如他所指出的，这种“非同时代人的同代性”是一个非常普遍的历史现象，从而质疑了一个时代的文化存在具有统一性的旧的假说。

这个观点也许可以从文化史的历史本身得到印证，因为经典的研究方式、文化的社会史以及大众文化史等不同路径已经共存了很长时间。

马克思主义史学的问题

马克思主义史学的研究方法本身也提出了一些棘手的问题。成为一个马克思主义的文化史学家，意味着即使不生活在矛盾里也至少生活在悖论之中。是什么原因使得马克思主义者们非得要去关注被马克

---

〔10〕 Edward Thompson, ‘Custom and Culture’ (1978; repr. in *Customs in Common*, 1993).

〔11〕 Ernst Bloch, *Heritage of Our Times* (1935; English trans. Cambridge, 1991).

思所摒弃的所谓“上层建筑”呢？

回顾起来，爱德华·汤普森的名著《英国工人阶级的形成》的问世，在英国文化史的历史中树立了一块里程碑。但从另一方面来看，汤普森的这本著作刚一出版就遭到一些同为马克思主义者的批评，它被称作“文化主义”；也就是说，该书被批评为没有把重点放在经济、社会和政治等实实在在的现实上，反而去强调经验和观念。该书作者的回应是批评这些批评者的“经济主义”。

文化主义与经济主义之间的这种紧张关系倒是从未有过的，至少在某些场合下是如此。它从内部引发了对马克思主义的一些核心概念的批判，即对经济和社会“基础”与文化的“上层建筑”等概念的批判。例如，雷蒙·威廉斯把经济和社会基础与上层建筑的模式说成是“僵化”的公式，而他宁愿去研究他所说的“完整的生活方式中诸要素之间的关系”。威廉斯被意大利马克思主义者安东尼奥·葛兰西（Antonio Gramsci）等人提出的“文化霸权”思想所吸引。这种思想提出，统治阶级能实现其统治，不仅通过暴力和以暴力相威胁的直接方式，还因为他们的观念逐步被“庶民阶级”（*classi subalterni*）所接受。[12]

26

汤普森也认为，文化霸权的思想提供了一种比“上层建筑”更好的表达方式来说明文化与社会的关系。他在《辉格派与狩猎者》（*Whigs and Hunters*, 1975）一书中以特有的笔法写道：

> 首先，18世纪乡绅与贵族的霸权既不表现为武力，也不表现为神职和媒体的神秘性，甚至不表现为经济的胁迫，而是表现在治安法官的就职仪式上，表现在按季开庭的初级法院上，表现在巡回

---

〔12〕 Raymond Williams, *Marxism and Literature*（Oxford, 1977）.

审判的壮观场面和泰伯恩的行刑场上。

但是问题依然存在。其中之一是,一种抛弃了经济基础与上层建筑这一互为补充观念的马克思主义,会陷于失其本质特征的危险之中。另一个问题是,汤普森对“整体概念”(holistic notions)的批评似乎会使文化史变得难以立足,或者至少会把它缩小为一些碎片。尽管汤普森与贡布里希这两位学者的看法并不相同,但汤普森所指出的方向与贡布里希否定布克哈特和赫伊津哈共有的“黑格尔基础”时所指出的方向,似乎并没有什么不同。这些批评提出了一个根本性的问题:能否在把文化作为整体来研究的同时,又不至于造成对文化的同质性的错误假设?

对这个问题已经有两种主要的回答,一种是研究各种文化传统,另一种是将精英文化和大众文化都看作“亚文化”(sub-cultures),它们同时存在,但并不完全相互隔绝或独立。

三　传统的悖论

文化的观念暗示着传统的观念,是代代相承的有关某类知识和技能的观念。由于多种传统可以很容易地共存于同一个社会,例如世俗的传统与教会的传统,男性的传统与女性的传统,笔耕的传统与持剑的传统等等,所以,运用传统的观念进行研究可以让文化史学家从传统在某个“时代”是统一或同质的假设中解放出来,无论是中世纪、启蒙时代,还是别的什么时代。在前一章提到的那些历史学家当中,阿比·瓦尔堡和恩斯特-罗伯特·库尔乌斯对传统表现出了特别的关注,且尤其关注古典传统在后古典世界中的命运。

27

实际上，传统的观念似乎可以不证自明。然而，这种对传统的传统看法，正如我们姑妄称之的那样，应该说依然存在着一些问题。其中有两个主要问题也许可以称作关于传统的两个孪生悖论。

首先，表面上的创新会掩盖对传统的传承。宗教态度长久地存在于世俗化形式之中，这在许多种文化，包括天主教、新教、犹太教、印度教和穆斯林等文化中，已有明显的表现。清教的某些态度和价值观依然存在于今日之美国，就是一个明显的例子，例如，对个人意识的重视，对成就的需求，或者对自我审视的关注。研究传教的历史学家过去习惯于把注意力集中于某个宗教派别中的个人、群体和民族向另一种宗教的“皈依”。现在，由于他们意识到了对传统的传承，而更加强调两种宗教的信仰和价值观之间有意识或无意识的混合或合成。因此，法国社会学家罗歇·巴斯蒂德（Roger Bastide）在讨论巴西的情况时，就写到了来自西非的奴隶通过他们自己的世界观“过滤器”来重新解释天主教教义。同样，最近一项对近代日本的研究结果指出，在相同情况下，“皈依者”乃至“基督教徒”都是“误导的标签”，因此日本人采用了片假名术语“Kirishitan”来指称基督徒，以作为一种必要的区分形式。这里的要义就在于，日本的合成式传统将神道教、佛教、孔教和道教包容其中，使它的民众更易于接受一种以上的宗教，或至少是一种以上的崇拜。[13]

反过来，传统的表面迹象也会掩盖创新，这一点在论文集《传统的发明》一书中得到了强调（讨论见后，第五章）。众所周知，马克思就否认自己是一个马克思主义者。这似乎指出一种反复出现的问题，也可

---

〔13〕 Roger Bastide, *The African Religions of Brazil*（Baltimore, 1978）; Ikuo Higashibaba, *Christianity in Early Modern Japan*（Leiden, 2001）.

以称作创始人与追随者之间的问题。一场运动、一种哲学或是一种宗教的创始人所传递的信息总是不那么简单。它之所以能吸引许多人，就是因为这些信息含有多方面的意义。根据各自的利益，或者根据自己所处的地位，有些追随者强调这一方面，而另一些追随者却强调其他方面。其中，更为根本的是“诸传统的内在冲突”的问题，即普遍的规则与具体的和不断变化的形势之间不可避免的冲突。[14] 28

换句话说，传承下来的东西在向新一代人传递的过程中发生了变化，而且必须发生变化。库尔乌斯对欧洲文学的研究中存在着一大缺陷，就是作者不愿意承认这个事实，不愿意将他所研究的那些司空见惯的事情看作常例。相反，瓦尔堡却敏锐地认识到了古典传统在几个世纪里发生的变化。现在，正如读者可以在第五章中看到的，文化史学家们对“接受”的问题越来越感兴趣了。

四　争议中的大众文化

显然，把某个特定社会中的精英文化与大众文化区别开来，是又一种进行了文化同质性假设的选择。像时代精神的概念和上层建筑的观念一样，“大众文化”的概念本身也变成了一种有争议的说法。米歇尔·德·塞尔托（Michel de Certeau）和斯图亚特·霍尔等理论家，以及罗歇·夏蒂埃（Roger Chartier）和雅克·雷维尔（Jacques Revel）等历史

[14] 有关中国的事例，见 Benjamin Schwartz, 'Some Polarities in Confucian Thought', in David S. Nivison and Arthur E. Wright (eds.), *Confucianism in Action* (Stanford, 1959), 50-62；有关印度的例子，见 J. C. Heesterman, *The Inner Conflict of Traditions* (Chicago, 1985), 10-25。

学家参加了这场辩论，并做出了宝贵的贡献。[15]

首先，要限定这个概念的范围显然存在着困难。“人民”指谁？是指每一个人，还是只指非精英阶层？假如是后者，那么我们所使用的是一个剩余范畴（residual categories）。像通常那样，一旦使用了剩余范畴就会造成一种危险，即会主张被排斥者的同质性。也许，最好的办法是学习最近一些历史学家和理论家做出的榜样（或者如社会学家以前常用的“正文化”），用多元的方法思考大众文化，既有城市的也有乡村的，既有男性的也有女性的，既有老年人的也有年轻人的，如此等等。“亚文化”（Sub-Culture）这一术语已不像过去那样被频繁使用，这或许是因为它被错误地认为指的是文化等级系统内的一种劣等地位，而不是指一个更大的文化体系中的一部分。不管怎样，多元性仍然在被持续讨论着。

29

然而，这种解决办法又带来了新的问题。比如说，在同一个社会里，是否存在着一种与男性的文化完全不同的独立自主的女性文化？如果回答“不”，那就等于否认了显而易见的差别，但要回答“是”，那又很可能会夸大这种差别。如果从一种多少是自发的或是有限制的女性文化或“亚文化”的角度来思考，也许更能说明问题。例如在传统的地中海世界，或在穆斯林文化中，或者在女修道院（最近有些学者就论说到了“女修道院文化”）。每当妇女更加明显地与男性相分离时，女性文化就有了更大的自主性。这里以古希腊为例。约翰·温

〔15〕 Michel de Certeau, Jacques Revel and Dominique Julia, 'La Beauté du mort' (1970; repr. in Certeau, *La Culture au pluriel*, revised edn. Paris, 1993, 45-72); Stuart Hall, 'Notes on Deconstructing the Popular', in Raphael Samuel (ed.), *People's History and Socialist Theory* (1981); 227-40; Roger Chartier, *Cultural History* (Cambridge, 1988), 37-40.

克勒(John Winkler),一位受到文化人类学启发的古典学家,已经证明,尽管保留至今的史料几乎全都出自男性之手,但从这些资料中还是可以解读出一些明显不同的地方,揭示了女性对性以及其他事物的看法。他把萨福(Sappho)〔16〕的抒情诗和安东尼亚(Adonia)地方的妇女节日当作极其珍贵的证据来对待,证明"对性和性别的含义予以关心的那部分希腊妇女,与她们的丈夫和父亲明确表达出来的意识截然不同"。〔17〕

对大众文化史学家而言,还有另一个问题:应该把精英阶层包含在大众文化之内,还是将他们排除在外,或者至少在某些时期是否需要这样做?社会地位高的人,拥有大量财富的人,或拥有很大权力的人在文化上未必与普通人民有什么不同。这一事实使得若将他们排除在大众文化之外便会产生问题。比如说,传统上阅读廉价的小书被说成是反映大众文化的事例,但是,在17世纪的法国,廉价书籍的读者也包括贵族妇女,甚至包括公爵夫人。这没有什么值得奇怪的,因为在那个时代女性受教育的机会受到了严格的限制。

因此,罗歇·夏蒂埃指出,无论是物品还是文化习俗,给它们贴上"大众"的标签实际上是行不通的。如果把聚焦点放在社会群体上,而不是放在物品或习俗上,那么可以这样说,近代早期西欧的上层精英具有"双栖文化"(bicultural)的性质,既参与历史学家所说的"大众文化",又参与将普通民众排除在外的精英文化。只是到17世纪中叶以 30

〔16〕 萨福,古希腊女诗人,生于莱斯沃斯岛,生活于约公元前620年—前565年。——译注

〔17〕 John J. Winkler, *The Constraints of Desire: The Anthropology of Sex and Gender in Ancient Greece*(1990), especially 162-209.

后，精英阶层才全面地从大众文化中退了出来。[18]

学者们往往指出，正是因为精英文化与大众文化之间常常相互作用与影响，才使他们完全抛弃了“精英”与“大众”这两个形容词。但问题是，如果这两个形容词没有了，精英文化和大众文化之间的相互作用与影响又无法描述。也许，最好的办法是在使用这两个形容词的同时又不要造成过分严格的二元对立，而把精英文化和大众文化都放在一个更大的框架内。例如，法国历史学家乔治·杜比（Georges Duby）就采取了这种做法。他在一篇开创性的论文中讨论了文化模式在封建社会中的扩散，在考察物品和习俗向上、下两个方向运动时，没有将文化一分为二。[19]

五　什么是文化？

相对于“大众”一词而言，“文化”一词引发了更大的问题。早在1882年，正如布克哈特所指出的，文化史还是一个“模糊的概念”。以前，它一直用来指“上层”文化；后来，它向下延伸，并不断地向下引申，把“下层”文化或大众文化包括进来。最近以来，它又有了横向的扩展。文化这一术语常用来指艺术和科学，后来又用来描述民众当中相当于艺术和科学的那些东西，比如民间音乐、民间医药等等。在上一代人当中，这个词已经开始广泛地被用来指称人工制造品（例如画像、工

---

〔18〕 Chartier, *Cultural History*; Peter Burke, *Popular Culture in Early Modern Europe* (1987; revised edn. Aldershot, 1993).

〔19〕 Georges Duby, ‘The Diffusion of Cultural Patterns in Feudal Society’, *Past and Present* (39, 1968), 1-10.

具、房屋等等)以及实践活动(例如谈话、读书、游戏等)。

严格地说,“文化”一词的这些新用法一点也不新。早在1948年,诗人T. S. 艾略特(T. S. Eliot)在《论文化的定义》(*Notes Towards the Definition of Culture*)一书中,就用人类学的眼光从美国人的角度来观察英国,将英国的文化描述为除了其他的因素外,还包括“德比的马赛节……投标游戏靶……切成一块一块的熟煮苞菜、醋泡甜菜和19世纪的哥特式教堂及埃尔加音乐”[20]。1931年,人类学家布罗尼斯拉夫·马林诺夫斯基(Bronislaw Malinowski)为《社会科学百科全书》撰写“文化”这一条目时,已经给文化下了一个广义的定义。按照他的定义,文化包含了“继承下来的人工制造物、商品、加工技术、观念、习惯和价值观”。

31

1871年,另一位人类学家爱德华·泰勒(Edward Taylor),在《原始文化》(*Primitive Culture*)一书中也给文化下了相同的定义:“文化,或文明,从广义人种学的角度来看”,是“包括知识、信仰、艺术、道德、法律、风俗以及作为社会成员的人所获得和接受的其他所有能力和习惯的复合整体”。人类学关注日常生活,关注劳动分工相对不发达的社会,从而推动了“文化”一词的广义用法。

正是这种人类学的“文化”概念,使得文化史学家(以及他们文化中的其他学者)在上一代人当中创造出了他们自己的时代,亦即“历史人类学”和“新文化史”的时代。这两个孪生式的运动是随后几章要讨论的主要内容。

---

〔20〕 指英国作曲家爱德华·威廉·埃尔加爵士(Sir Edward William Elgar, 1857—1934)创作的音乐。——译注

第三章　历史人类学时期

32　从20世纪60年代到90年代,文化史的实践出现了一个最明显的特征,那就是转向人类学研究方法。这种转向并不仅限于文化史,比如说,有一些经济史学家也开始了经济人类学的研究。但是即使在这种情况下,他们得到的主要启示仍然表现在文化层面上,尤其是认识到了价值观在解释生产、积累与消费财富时的重要性。

在前一章结束时,我们讨论了“文化”一词的广义用法,许多历史学家学会了这种用法。他们当中有一部分人,尤其是在法国、美国和英国,经常参加人类学的研讨班,借用人类学的一些概念,并形成一种后来被称作“历史人类学”(historical anthropology)的研究方法,其实,“人类学历史”(anthropological history)也许是更合适的标签。长期以来,历史学与人类学紧密接触,尽管后来的接触不像过去那么紧密,但从未中止。它们在长期接触中所发生的最重要的变化,是以多元的视角以及在越来越广泛的意义上使用“文化”这一概念。

一　文化转向

到了20世纪80年代和90年代,在各门学科中,对文化、文化史以
33　及“文化研究”的兴趣越来越明显。当然,文化转向在不同的学科产生

了不同的影响,甚至有不同的含义。

例如,在文化心理学的领域中,文化转向是指抛弃了人类的本能冲动是相同的这一观念,从而与社会学和人类学重新建立起了密切的联系。文化地理学面临的挑战是防止重新回到传统的"文化区域"的观念,那种观念忽视了特定的区域内部存在的社会差异和社会冲突。经济学家之所以对文化发生兴趣,是因为他们对消费研究的兴趣越来越浓厚,认识到仅仅依据理性消费的简单模型不可能对消费趋势做出令人满意的解释。在政治学领域中,尽管理性投票人的模型依然占据统治地位,但出现了一种越来越明显的趋势,它把政治看作符号性的行为,开始研究使用不同媒介的政治交流。甚至连塞缪尔·P. 亨廷顿这样一位固执的世界政治分析家现在也开始谈论起了"文化的冲突"。[1]

在历史学领域中,有些学者的学术声望来自写作政治史的著作,例如约翰·埃利奥特(John Elliot)。但是,即使在这些学者身上也发生了文化转向。埃利奥特写的《加泰罗尼亚人的起义》(*Revolt of the Catalans*, 1963)就是一例。他的转向还通过他与艺术史家乔纳桑·布朗(Jonathan Brown)的合作得以实现,他们共同完成了《国王的宫殿》(*A Palace of a King*, 1980)一书,对位于马德里附近的隐居宫的建筑和装饰进行了研究。在书中,文化与政治相结合,作者认为这座宫殿的修建是为了显示西班牙哈布斯堡王朝的强大。同20世纪60年代、70年代相比,现在的历史学家更加喜欢使用诸如"印刷文化""宫廷文化"或"绝对专制主义文化"等词语。20世纪90年代出版的书籍,书名中经常出现"美德文化""企业文化""赌博文化""人寿保险文化""爱情文

[1] 有关政治学领域的情况,请参阅 Patrick Chabal and Jean-Pascal Daloz, *Culture Troubles: Comparative Politics and the Interpretation of Meaning* (*forthcoming*)。

化”“清教文化”“绝对主义文化”“抗议文化”“秘密文化”和“礼仪文化”等词语，甚至“枪支文化”也找到了属于自己的历史学家。[2] 这些例子也许足以反映这一趋势的存在。我们还会进一步发现，每样东西都有它自己的文化史，包括睡梦、食品、情感、旅行、记忆、姿态、幽默、考试等等。

“新文化史”的口号在美国取得了最大的成功。它把鼓吹“新历史主义”的文学史学家、艺术史学家和科学史学家，以及我们称之为“朴素的”或“普通的”历史学家的那些人统统联系到了一起。然而，这场运动又是国际性的。在法国，由于诸如“心态史”和“社会想象史”等一些对手的出现，“文化史”一词也缓慢地进入历史学家的语汇，但是，像罗歇·夏蒂埃等一些历史学家们现在已经把自己看作文化史学家。夏蒂埃的《法国大革命的文化起源》（*Cultural Origins of the French Revolution*，1990）一书针对丹尼尔·莫内（Daniel Mornet）的经典著作《法国大革命的思想起源》（*The Intellectual Origins of French Revolution*，1933）做出回应，用比较宽泛的文化史来对抗比较狭窄的思想史。不过，这些法国历史学家的专长都在于19—20世纪的历史，他们使用术语“文化史”（histoire culturelle）最为频繁，例如帕斯加尔·欧利（Pascal Ory）。[3]

在德国和荷兰，新文化史被嫁接在布克哈特和赫伊津哈的传统之上，更为重视所谓的“日常生活史”（history of the everyday）。在英国，

〔2〕 Michael Bellesisles, *Arming America: The Origins of a National Gun Culture*（New York, 2000）.

〔3〕 J. P. Rioux and J. F. Sirinelli, *Pour une historise culturelle*（Paris, 1997）; Philippe Poirrier, *Les Enjeux de l'histoire culturelle*（Paris, 2004）.

尽管瓦尔堡研究院从20世纪30年代以来一直在伦敦，但是，文化史实际上仍然是一种新的发展。正如基思·托马斯（Keith Thomas）在1989年所指出的，“英国根本没有这门学科。文化史的教授席位或讲师席位几乎没有设立，也没有文化史系，更没有文化史的学术刊物，从未举行过这门学科的研讨会。”[4]虽然这一状况在过去的30年里发生了巨大改变，但是，在英国的上一代人当中上升到显要地位的是“文化研究”而不是文化史。

文化的解释

文化帝国的扩张具有一种不断增强的内在倾向，其中包括为经济现象提供文化的解释，比如用文化来解释英国的经济衰退，或者用它来解释整个国家的富裕和贫困。1961年，约翰·埃利奥特在《过去与现在》杂志上发表了一篇题为“西班牙的衰落”的文章；17年后，他又在同一种杂志上发表了另一篇文章，但这次的题目是“17世纪早期西班牙的自我认知与衰落”。他的兴趣从客观地衡量经济衰落转向更多地关注对衰落的感知，反映了一整代历史学家的特点。同样，政治领域中的一些变化，诸如革命、国家的形成等，甚或连瑞典在三十年战争期间进行的干预，也越来越经常地获得文化的解释。[5]

35

---

〔4〕 Keith Thomas, ‘Ways of Doing Cultural History’, in *Balas and Perspectief van de nederlandse cultuurgeschiedenis*, ed. Rik Sanders et al. (Amsterdam, 1991), 65.

〔5〕 Martin J. Wiener, *English Culture and the Decline of the Industrial Spirit, 1850-1980* (Cambridge, 1981); David Landes, *The Wealth and Poverty of Nations* (1998); Eric Van Young, ‘The New Cultural History Comes to the Old Mexico’, *Hipanic American Historical Review* (79, 1999), 211-48, at 238; Eric Ringmar, *Identity, Interest and Action: A Cultural Explanation of Sweden's Intervention in the Thirty Years War* (Cambridge, 1996).

F. S. L. 莱昂斯(F. S. L. Lyons)也从政治史转向了文化史研究,他的著作是用文化解释政治事件的突出事例。根据他的最后一本著作《爱尔兰的文化与无政府主义,1890—1939 年》(*Culture and Anarchy in Ireland, 1890—1939*, 1979)的描述,爱尔兰这个国家可以划分出 4 种文化:英格兰文化、爱尔兰文化、英格兰—爱尔兰文化和北爱尔兰的新教文化。这 4 个社区"既无法生活在一起,又无法相互分离"。他指出,政治问题相对来说是潜藏的文化冲突或"碰撞"在外部的表现。他呼吁应当给文化史以更多的注意,并写道,在爱尔兰,文化史"依然在襁褓之中"。

莱昂斯的文章标题借自阿诺德,但莱昂斯所说的"文化"与马修·阿诺德(前文已经讨论过)使用的完全不同,这是一个具有启发意义的区别。这一稍早的例子已变为一个大的趋势,历史学家对"文化"一词的使用逐渐发生了转变。这一词语以前是用来指称艺术和文学中的经典作品,但现在也把日常文化包含在内,尤其包括习俗和价值观。换句话说,历史学家越来越接近人类学家对文化的看法。

二 历史人类学运动

历史学家对人类学家进行了研究,其中被他们揣摩得最透彻的人类学家有擅长研究礼物的马塞尔·莫斯(Marcel Mauss),研究巫术的爱德华·埃文思-普里查德(Edward Evans-Prichard),研究纯洁的玛丽·道格拉斯(Mary Douglas),以及研究巴厘岛斗鸡的克利福德·吉尔兹(Clifford Geertz)。20 世纪 60 年代和 70 年代,克劳德·列维-斯特劳斯(Claude Lévi-Strauss)的名声如日中天,当时就有一些历史学家被他的结构主义方法所吸引,但他们也经常发现这种方法拒绝被挪用。

在苏联也有人类学转向的较早事例。俄罗斯中世纪研究专家阿隆·古列维奇(Aaron Gurevich)专门研究斯堪的纳维亚地区的历史。他最初学的是农业史,但后来对挪威和冰岛中世纪的财产观念产生了兴趣。之后,为了认识以动产的经常转移为基础的制度,他转向了人类学。[6]

36

古列维奇将斯堪的纳维亚人的宴会与关于英属哥伦比亚印第安人夸扣特尔人(又叫夸夸卡瓦卡人,Kwakwaka'wakw)的"炫财冬宴"的描写进行了比较。[7] 炫财冬宴是一种社交宴会,部落酋长邀请友好部落和敌对部落的酋长前来赴宴,观看他毁坏贵重的物品。莫斯对传统社会中赠送礼物的规则进行分析,尤其分析了接受礼物的义务和报答的义务。这种报答可以是(经过一段时间的慎重考虑以后)回赠另一种礼物,也可以是向对方表示效忠和提供服役的方式。古列维奇从中得到启发,他用这种方法去解释冰岛英雄传奇故事中赠送礼物的许多典故,并得出结论:在中世纪的斯堪的纳维亚地区,慷慨不仅是重要人物的道德责任和取得社会地位的条件,它也是一种具有魔力属性的特征,可以带来和平与丰收。

这些结论完全可以延伸至欧洲其他地区,这里以盎格鲁-撒克逊时期的英格兰为例。在史诗《贝奥武甫》(*Beowulf*)中,宴会、馈赠戒指等礼物和武器都被描写得极其生动,如果用人类学的理论来加以透视,其

---

[6] Aaron Gurevich, 'Wealth and Gift-Bestowal among the Ancient Scandinavians' (1968; repr. in his *Historical Anthropology of the Middle Ages*, Cambridge, 1992, 177-89). Cf. Natalie Z. Davis, *The Gift in Sixteenth-Century France*(Oxford, 2000).

[7] "炫财冬宴"是北太平洋沿岸的美洲印第安人举行的一种节庆宴会,常在冬天举行。宴会上人们相互赠送礼物,首领将自己的财物拿出分发。夸扣特尔人多聚居于加拿大不列颠哥伦比亚海沿岸。——译注

政治目的就变得更清楚了。从更加全面的角度来看，人类学家提供的榜样鼓励了历史学家从积极的方面去看待哥特人、汪达尔人、匈奴人以及其他一些入侵罗马帝国的民族，尝试重建所谓“蛮族的文明”。

在基思·托马斯这位英国历史人类学先驱者的著作中，可以明显看到埃文思-普里查德给予他的灵感。比如，托马斯在《宗教与巫术的衰落》(*Religion and the Decline of Magic*, 1971)一书中有关占星术和巫术的那些章节里，对近代早期的英格兰进行了研究，处处都提到了非洲，例如把英国都铎时期和斯图亚特时期所谓的“灵巧的家伙”(cunning folk)与20世纪非洲的占卜者进行比较。根据托马斯的分析，信仰巫术有特定的社会功能，即可以强化“被接受的道德准则”，从而把首先由埃文思-普里查德提出的观点向前发展了一步。埃文思-普里查德曾经指出，阿赞德人(非洲中部一民族)[8]对巫术的信仰“有可贵之处，可以矫正无情的冲动，因为表露愤怒、吝啬或敌意，都可能带来一系列严重的后果”。[9]

玛丽·道格拉斯是埃文思-普里查德的学生，也在非洲从事过实地研究工作，但正是她的通论性著作《纯净与危险》(*Purity and Danger*, 1966)引起了历史学家的注意，尤其是她提出的那两个极具吸引力的论点：一个论点是，肮脏“存在于旁观者的眼中”；另一个论点是，肮脏是无秩序状态的一种形式。正是由于这本书的问世，西方社会长期以来有关纯净的偏见就变得清晰起来：它涉及广阔的范围，诸如语言，诸

37

[8] 阿赞德人是居住于非洲扎伊尔、苏丹、中非共和国的部分地区的民族。——译注

[9] Keith Thomas, *Religion and the Decline of Magic*(1971), especially 216-17, 339, 463n, 566, 645; cf. Maria Lúcia, Pallares-Burke, *The New History: Confessions and Conversations*(Cambridge, 2002). Compare and contrast Euan Cameron, *Enchanted Europe*(New York, 2010).

如那些被驱逐到中世纪城市边缘地带的所谓“下流的职业”,既指有形的污浊(染布或染皮革),也指道德上的不洁者(妓女和刽子手)。[10]

美国历史学家娜塔莉·戴维斯(Natalie Davis)写了一篇关于16世纪后期,“宗教战争”期间法国骚乱的著名文章。她引用的核心观点就来自《纯净与危险》一书。戴维斯“自下而上”地看待那场战争,考察了当时在社区中发生的暴力,例如新教教徒用私刑处死天主教教徒或被天主教教徒用私刑处死。她以人类学的眼光将这些骚乱解释为一种类型的仪式,即“暴力的仪式”,目的是为了纯洁当地的社区,使之免受异端或者迷信的玷污。[11]

当英语世界的历史学家正在阅读埃文思-普里查德和玛丽·道格拉斯的著作时,法国的一些历史学家发现了克劳德·列维-斯特劳斯的著作。引起他们兴趣的并不是列维-斯特劳斯对巴西印第安人,诸如波罗罗人或纳姆比夸拉人所做的经验性研究的著作,而是他关于文化的一般理论,也就是他所说的“结构主义”(structuralism)。列维-斯特劳斯向语言学家学习如何研究一种文化系统或社会系统中各种成分之间的关系,并尤其把注意力集中在两极对立上:高级与低级的对立,光明与黑暗的对立,生食与熟食的对立,等等。

从1964年到1971年,列维-斯特劳斯陆续出版了4卷本著作,研究了美洲印第安人的神话,很明显这启发了一些历史学家,其中包括雅克·勒高夫和伊曼纽尔·勒华拉杜里(Emmanuel Le Roy Ladurie),他

---

〔10〕 Anton Blok, 'Infamous Occupations', in *Honour and Violence*(Cambridge, 2001), 44-68.

〔11〕 Natalie Z. Davis, 'The Rites of Violence' (1973; repr. in *Society and Culture in Early Modern France*, Stanford, 1975, 152-88).

们也着手用同样的方法去分析欧洲的神话。之后基思·托马斯得出研究成果，继列维-斯特劳斯之后，在《人类与自然世界》（*Man and the Natural World*, 1983）一书中提出，近代早期英国对动物的分类方法来自人类社会结构向自然界的投射。

利用结构主义或符号学的观点进行的历史研究，有一个很突出的例子，那就是尤里·洛特曼（Juri Lotman）的一篇论文，论述了他所说的俄罗斯18世纪的"日常行为的诗学"。这篇论文更具俄罗斯风格，而不是法国风格。洛特曼的论文虽然没有引用人类学家的话——他自己的专业是文学——但利用了人类学的观点，即一种文化离我们越远，我们就越容易将其日常生活当作研究对象来对待。选择18世纪的俄罗斯进行个案研究有一个优势，因为彼得大帝及其继承者推动的文化西方化运动给俄罗斯贵族的日常生活带来了麻烦，这些贵族需要一种关于行为举止的指导手册，就像《给青年人的真实镜子》（*True Mirror of Youth*, 1767）那样，教他们西方人的礼仪。"在彼得大帝统治期间以及后来的日子里，俄罗斯的贵族像是生活在自己国家里的外国人"，在普通民众的眼中，他们就像化了妆一样。[12] 洛特曼因此被人批评过分依赖二元对立，依赖文学资料，依赖那些有关男性贵族的事例，"自己国家里的外国人"的看法尤其受到批评，但他的这部著作仍然为之后的研究者照亮了道路。[13]

38

〔12〕 Juri M. Lotman, 'The Poetics of Everyday Behaviour in Russian Eighteenth-Century Culture', in Lotman and Boris A. Uspenskii, *The Semantics of Russian Culture* (Ann Arbor, 1984), 231-56; Cf id., *Russlands Adel: Eine Kulturgeschichte von Peter I. bis Nikolaus I.* (1994; German trans. Köln, 1997).

〔13〕 Michelle L. Marrese, 'The Poetics of Everyday Behaviour Revisited', *Kritika* (11, 2010), 701-40.

洛特曼将日常生活的"诗学"这一概念看作一种例外,仅限于俄国历史上的某个时期,但这种研究方法可以而且已经被更普遍地应用了。早在 1860 年,雅各布・布克哈特就做过一次尝试,用美学的研究方法研究文艺复兴时期的政治和社会,把国家和社会看作"艺术作品",而文学史学家斯蒂芬・格林布拉特(Stephen Greenblatt)则提出了一个更普遍的概念"文化的诗学"。

当然,给予大多数上一代文化史学家以灵感的是人类学家克利福德・吉尔兹,在美国尤其如此。他的"文化解释理论",是与列维-斯特劳斯的理论相对的另一端。他批评爱德华・泰勒将文化定义为"知识、信仰、艺术、道德、法律、习俗",理由是这一定义"所混淆的东西多于所揭示的东西"。吉尔兹把重点放在意义和"深描"上。他的一篇著名论文就以"深描"为标题。他自己对文化下了一个定义,把它称作"经由历史传承下来的以符号为表现形式的意义模式,这是一个以符号形态来表达的被继承的观念系统,凭借这一手段,人们交流、保持和发展有关生活的知识以及对待生活的态度"[14]。

这个定义在实践中意味着什么呢?假如我们看一看吉尔兹的民族志著作,尤其是那本解释巴厘岛斗鸡的、被别人大量引用的著作,就非常清楚了。他在书中把这一运动看作"哲学的戏剧",这是理解巴厘人文化的关键。吉尔兹将斗鸡与"巴厘文化这个更广泛的世界"联系起来的方式,并非把它看作对那种文化的"反映";相反,他所做的工作是把斗鸡当作文本来对待,是"巴厘人在解读巴厘的经历,是他们对自己叙述的有关他们自己的故事",并将它与我们自己文化中的文本《李尔

39

〔14〕 Clifford Geertz, *The Interpretation of Culture*(New York, 1973), 3-30. 吉尔兹的文化定义,见该书第 89 页。

王》或者陀斯妥耶夫斯基的《卡拉马佐夫兄弟》(*The Brothers Karamazov*)进行比较。他把为某只公鸡取胜押上高额赌金的这种日常做法描述为“有关地位的戏剧化”。正是这一做法使这种游戏“具有深刻的含意”。[15]

不难看出，吉尔兹吸收了文学理论家肯尼思·伯克(Kenneth Burke)的思想。早在20世纪40年代，伯克详细说明了他所称的研究文化的“戏剧化方法”。还有一位人类学家与吉尔兹有相同的思路，那就是维克多·特纳(Victor Turner)。特纳提出的“社会戏剧”的观念产生于在非洲从事的田野工作，经常被新文化史学家引用。他在非洲从事实地研究时就注意到，社会生活中的麻烦常常要经历“大致固定的一系列程序”，这些程序可以划分为4个阶段：正常社会关系的破裂阶段，危机阶段，纠正行为的尝试阶段，最后一个是“再整合”阶段，或者说是对“分裂”的重新认识阶段。[16]

吉尔兹沿着这种戏剧化的或者说编剧式的研究方法继续前行，接着又写了一本著作，在书中把19世纪的巴厘岛描绘成他所说的那种“剧场国家”。根据他的论证，在这种国家里，按照西方许多政治学家错误假定的那样，礼仪是服务于权力的中介。但是，正如吉尔兹所陈述的，巴厘人的情况恰恰相反，“是权力服务于盛大仪式，而不是盛大仪式服务于权力”。巴厘国也许弱小，但却令人称奇，而这一奇观正是它存在的理由(*raison d'être*)。[17]

---

〔15〕 Clifford Geertz, *The Interpretation of Culture*(New York, 1973), 412-53.

〔16〕 Victor Turner, *Schism and Continuity in African Society*(Manchester, 1957), 91-3, 231-2.

〔17〕 Clifford Geertz, *Negara: The Theatre State in Nineteenth-Century Bali* (Princeton, 1980).

从罗伯特·达恩顿(Robert Darnton)的著作《屠猫记》(*The Great Cat Massacre*,1984)可以看到吉尔兹对文化史学家的影响。这是一本论文集,论文来自达恩顿和吉尔兹一道在普林斯顿大学合作举办的历史学与人类学研讨班取得的成果。达恩顿以人类学家为榜样,把文化史学家的任务限定为“捕捉他者”。具体地说,他以吉尔兹为榜样,指出“我们也能够解读仪式或城市,就像我们能够解读民间故事或哲学文本那样”。《屠猫记》就是讨论这种解读的论文集。

这本论文集的主题论文围绕着一件显然无足轻重的事件而展开,这是18世纪30年代发生在巴黎一家印刷作坊里的小事情。当地的猫在夜间不停地嚎叫,把这家作坊里的学徒搅得无法入睡,于是,他们就组成了一支猎猫队,对那些嚎叫的猫进行模拟审讯,然后将它们处以“绞刑”,而组织者们借此谵狂般地取乐。这个故事是真实的。至少,其中一位学徒在晚年时还记住了这件事,并写进了他的回忆录。

40

达恩顿从学徒们的哄笑着手进行分析。他指出,“我们已无法感到这里面有什么好笑的东西。这说明一种距离的存在。正是这个距离将我们与欧洲前工业社会的工人们隔离开来。”为了克服这一距离,达恩顿将这个事件置于一系列背景之中,从劳工关系到大众仪式,从对待猫的态度到对待暴力的看法等,来进行讨论。这样,他不仅帮助读者理解了那些学徒为什么要做这种事情,同时还将这个事件变成一个楔入点,帮助他们进入已经逝去的世界。有人也许会说,他将这一事件分析成了一出“社会剧”,尽管他并没有仿照特纳系列事件的例子去做。

对“屠猫”事件的这种解读已经受到诘难,最为明显的诘难来自罗歇·夏蒂埃。夏蒂埃尤其反对达恩顿关于“法国性”(Frenchness)的概念,指出在强调18世纪与20世纪之间的文化距离时存在着一个悖论,强调了法国文化品格的传承性。但是,夏蒂埃也以赞同的态度引用了吉尔兹的话。[18]

为什么吉尔兹的著作，尤其是他那本关于斗鸡的论著会产生如此重大的影响？他的人文主义文化，他的优雅文笔，以及他解释意义时所做的辩护（这与对习俗的社会功能所进行的分析相对立，这种分析在20世纪60年代和70年代被他的许多人类学同行所采用），所有这些因素都促使他的观点被人们热烈地接受。他对诠释学的关注使他与德国的文化史传统相吻合。无论如何，吉尔兹所称的"戏剧类比"是一种具有极为强大的说服力的类比，把过去对上层文化的关注与对日常生活的新兴趣相联系。这一类比的强大力量有助于解释吉尔兹和特纳的著作，以及欧文·戈夫曼（Erving Goffman）的著作《日常生活的自我呈现》（*The Presentation of Self in Everyday Life*，1959）何以引发了如此之大的兴奋。例如，戈夫曼引用乔治·奥威尔在书中对饭馆"前堂"侍者的描写，他们在顾客面前表现出一种行为方式，而在厨房的同伴面前又表现出一种完全不同的行为方式；而后一个区域可以称作"后台"。

41 戏剧类比所具有的力量还有助于解释对仪式的历史兴趣何以越来越高涨。例如，研究加冕等官方仪式的传统至少可以追溯到20世纪20年代，但是直到60年代和70年代，爱德华·汤普森和娜塔莉·戴维斯等历史学家们才发现了"喧闹欢庆"（charivari）之类的大众仪式，然后又转向描述和分析那些更加非正式的"习俗"和"表演"，与此同时，德国学者理查德·凡·杜尔曼（Richard van Dülmen）也在《恐怖的剧场》（*Theatre of Horror*，1985）一书中对近代早期的行刑场面进行了研究。

我们还可以看到，里斯·伊萨克（Rhys Isaac）的《弗吉尼亚的转

---

〔18〕 Roger Chartier, 'Texts, Symbols and Frenchness: Historical Uses of Symbolic Anthropology' (1985; repr. in Chartier, *Cultural History*, 95-111).

变》(*The Transformation of Virginia*,1982)坚持不懈地运用戏剧类比,明白无误地向文化史学家表明了它的价值。作者将该书当作"民族志历史学"(ethnographic history)的实例呈现于读者面前,在最后一章里用很长的篇幅讨论了他所使用的方法,并把戈夫曼和吉尔兹的著作作为主要的参考依据。他指出,每一种文化都有一套独具特色的"保留剧本"或者保留剧目。

以《弗吉尼亚的转变》为例,该书把社会生活理念视作"系列表演",通过强调大殿的盛宴、饮茶、待客、法庭程序、选举、地方民兵的集结、决议的通过和签字等活动都具有"仪式化特征",从而得到了充分的阐述。"剧场模式"甚至被用来解释日常生活的细枝末节,比如白人与黑奴会面时,后者总会表现出"一种夸张的顺从模样"。

不过,历史学家对人类学的关注,尤其是在20世纪60年代到90年代之间的西欧和美国,远远超出对吉尔兹或社会戏剧的兴趣。那么,这一时期的人类学需求不断增长,是什么原因导致的呢?

学科之间的碰撞,就像文化之间的碰撞一样,往往会遵循和谐与趋同的原理。吸引某种文化中的人们对另一种文化产生兴趣的东西,往往与自己的观念或习俗相类似,在十分熟悉的同时又有些陌生。继这种原始的吸引之后,两种文化的观念和习俗就会愈发酷似。就我们眼下正在讨论的问题而言,可以这样说,深描的理论和实践有助于推动一批历史学家朝着他们已经迈出的方向继续前进。正如文学史学家斯蒂芬·格林布拉特所说的,与吉尔兹著作接触以后,"让我弄明白了自己所做过的事情,他把我过去已经掌握了的职业技能还给了我,但变得更为重要、更为必需,也更有说服力了"[19]。 42

---

〔19〕 Stephen Greenblatt, *Shakespearean Negotiations*(Oxford, 1988).

20 世纪后期的一些著名文化史学家,如法国的勒华拉杜里和丹尼尔·罗什(Daniel Roche),美国的娜塔莉·戴维斯和林恩·亨特(Lynn Hunt),意大利的卡洛·金兹堡(Carlo Ginzburg),德国的汉斯·梅迪克(Hans Medick),最初都自称为社会史学家和马克思的崇拜者,即使其本人并不是马克思主义者。从 60 年代末以来,他们转向了人类学,试图寻找另一种方法把文化与社会联系起来。这种方法不是把文化简化为对社会的反映或上层建筑,就像蛋糕上的奶油堆花那样。[20]

对大众文化的兴趣的出现,使历史学家认识到人类学与他们有着更为密切的关系。人类学家们已经抛弃了过去那种居高临下的态度,亦即认为他们所研究的那些民族并不理解自己的文化。他们对信息提供者向自己提供的有关当地的或者非官方的知识,表示感谢。

人类学家提出的广义的文化概念过去有而且现在仍然有另一个吸引人之处,那就是它把曾经被平庸的历史学家丢弃给研究艺术和文学的专家们去进行的符号学研究与社会历史学家们正在探索的日常生活联系了起来。戏剧类比的力量,部分就在于它推动了这种联系的建立。人类学家提出的文化"规则"或"协议"的思想也吸引了文化史学家。这种思想包括,他们需要像孩子一样,必须学会怎样才能把事情办好,例如如何才能索取到一份饮料,怎样才能进入一幢房子,怎样才能当好一个中世纪的国王或反宗教改革的圣徒。

不过,我们也不应该忘记,在老一辈历史学家当中,有些人已经对日常生活的符号进行过研究。其中最著名的当推约翰·赫伊津哈,他为了写作那本有关中世纪晚期情况的杰作而专门学习了当时的人类

---

〔20〕 参阅 Natalie Davis, in Maria Lúcia Pallares-Burke(ed.), *The New History: Confessions and Conversations*(Cambridge, 2002), 50-79。

学，从中获得了有关的知识。他在一篇自传性的论文里写道，他早年阅读过泰勒的著作《原始文化》，那本书“拓宽了我的视角，从某种意义上说，从此以后，它不断地给我以灵感”[21]。他的《中世纪之秋》描述了这样一个宗教人士，他总是把苹果切成三份，以供献给三位一体的圣父、圣子、圣灵，由此表明，在勃艮第公爵大胆查理（Charles the Bold）[22]的宫廷里，每次就餐“都像一幕宏大而庄严的戏剧”。 43

在赫伊津哈之前，曾经有一位名叫特罗尔斯·弗雷德里克·特罗尔斯-隆德（Troels Fredrik Trels-Lund）的丹麦学者，在斯堪的纳维亚地区民俗学家和德国文化史学家的启发下，写了 14 卷本的系列著作《北方的日常生活》（*Daily Life in the North*, 1879—1901），讨论了日常生活中的符号，其中包括有关服装、食品和节日的章节。[23]

L. P. 哈特利（L. P. Hartley）有一部小说《幽情密使》（*The Go-Between*）。小说以这样一句格言开头：“过去犹如异邦。他们那儿的行事方式完全不同。”这部小说于 1953 年出版。但是，直到 70 年代，才有一些历史学家开始引用哈特利的著作，并声称“当人们把文化史当作一门回溯性的人种学来看待时，它才能达到最高的内在统一性，才具有最完整的意义”[24]。

这多少有些悖论：西方的历史学家非得通过研究阿赞德人和巴厘

---

〔21〕 Johan Huizinga, 'My Path to History', in *Dutch Civilization in the 17th Century and Other Essays*, (ed.) Pieter Geyl and F. W. N. Hugenholtz (1968).

〔22〕 大胆查理（Charles the Bold, 1433—1477），勃艮底公爵。——译注

〔23〕 遗憾的是，特罗尔斯-隆德的书无法提供英文译本，但比亚内·斯托克朗德的《历史学与人类学之间的民间生活研究》（Bjarne Stocklumd, *Folklife Research between History and Anthropology*, Cardiff, 1983）对此书做过讨论。

〔24〕 Thomas, "*Cultural History*", 74.

人那样一些偏居边远地区的民族，才能发现自家门前本来就有的日常生活中的符号。但是，正像 G. K. 切斯特顿（G. K. Chesterton）等学者所说的，人们必须经常外出旅行，才能看清楚自家已有的东西。一百年前，当一些日本人开始了解到西方人对他们的版木印刷、能剧和三弦琴音乐抱有浓厚的兴趣时，才开始更加珍视自己的文化遗产。

人类学转向在文学史、艺术史和科学史等研究领域同样明显。例如，斯蒂芬·格林布拉特从文学史的研究转向了他所说的“文化诗学”的研究。“新历史主义”（new historicism）是旨在将文学重新置于其历史背景和文化背景之中来进行研究的一场运动。像倡导“新历史主义”的那批文学史家一样，格林布拉特的著作也是从马克思主义的“文学与社会”的传统发展而来，然后又转向反对这一传统。和他的同伴们一样，格林布拉特从文化理论中汲取营养，从巴赫金（Mikhail Bakhtin）到福柯（Michel Foucault）都有吸收。他在《莎士比亚的谈判》（*Shakespearean Negotiations*, 1988）一书中，否定了关于艺术是社会生活的反映这一传统的马克思主义观点；相反，他集中考察了他所说的两个领域之间的“交流”或者“谈判”。

例如，那本书里有一篇题为“莎士比亚与驱魔人”（Shakespeare and 44 the Exorcists）的章节，格林布拉特用它讨论了《李尔王》和《关于令人惊诧的天主教骗术的声明》（*Declaration of Egregious Popish Impostures*）这两种完全不同的文本之间的关系。《声明》是对驱魔习俗的攻击，出版年代略早于莎士比亚的那个剧本，作者是一位名叫塞缪尔·哈斯内特（Samuel Harsnett）的新教牧师。哈斯内特反对驱魔巫者的主要理由是，这些人实际上是在演戏，却偏偏要对观众掩盖这一事实。这篇论文的中心主题是格林布拉特所说的“着魔和驱魔从神圣的表演转变为亵渎的表演”。他运用了“戏剧类比”的方法，同时又对这一方法的历史做出了贡献。

有些以前自称为艺术史学家的学者们现在也说,他们正在研究“视觉文化”(Visual Culture)。朝视觉文化的转向中有两个较早的突出例子,那就是伯纳德·史密斯(Bernard Smith)和迈克尔·巴克森德尔(Michael Baxandall)的著作。

史密斯在《欧洲人的视野与南太平洋》(*European Vision and the South Pacific*, 1959)一书中指出,当欧洲人(包括那些走完旅程的艺术家们)第一次进入太平洋地区时,是用某种“文化设定”的方式,即透过欧洲古典传统的镜头或应用高尚与野蛮的框架,去看待太平洋的民族。比如,塔希提人〔25〕被他们看作生活在黄金时代的民族,澳大利亚的土著居民被看作欧洲的斯巴达人或赛西亚人〔26〕,而澳大利亚和新西兰则被看成颠倒过来的欧洲,一个被翻转过来的欧洲世界。

此外,巴克森德尔在另一本著作《15世纪意大利的绘画与经验》(*Painting and Experience in Fifteenth Century Italy*, 1972)中讨论了“时代之眼”(period eye)。“时代之眼”是指对绘画的看法与日常生活经历的关系,而日常生活经历的范围很广,从舞蹈一直到测定木桶的容积等等。巴克森德尔对“现成模式”的关注让人们联想起了阿比·瓦尔堡,而他使用的文化相对主义的研究方式同样让人们联想起了人类学,尤其是吉尔兹的解释人类学。反过来,吉尔兹也写了一篇论文讨论巴克森德尔的著作。〔27〕

---

〔25〕 居住于南太平洋法属波利尼西亚最大岛屿塔希提岛的居民。——译注

〔26〕 赛西亚为古代欧洲东南部、里海与黑海之间东北部的一地区,居住于这里的居民称赛西亚人。——译注

〔27〕 Clifford Geertz, ‘Art as a Cultural System’, *Modern Language Notes* (91, 1976), 1473-99, at 1481-8.

科学史学家也朝着一个相似的方向前进，而且把自己重新划归为文化史学家。例如尼古拉斯·亚尔迪内（Nicholas Jardine）与他的合作者，他们在《自然史的文化》（*The Cultures of National History*，1996）一书中就是这么做的；彼得·加里森（Peter Galison）在《形象与逻辑》（*Image and Logic*，1997）一书中，描述了他所谓的“两种文化”——20世纪物理学的理论和实验，以及两者之间的“交互领域”。有一本研究伽利略（Galieo Galilei）生平的著作，即马里奥·比亚基奥里（Mario Biagioli）写的《廷臣伽利略》（*Galileo Courtier*，1993），描写了伽利略在佛罗伦萨的美第奇宫廷中的那段经历，也可以说是历史人类学的一个例子。

45

比亚基奥里为了分析伽利略与他的庇护人之间的关系，借用了莫斯和马林诺夫斯基的研究方法，并依据吉尔兹和戈夫曼提出的方法，分析了这位科学家用戏剧的方式表现自己以及他的科学发现时所承受的压力。比如，伽利略不得不回答那些“以符合宫廷文化规则的诙谐举止”向他提出的问题。他还被要求参与讨论，有时就在餐后的餐桌上进行。对他的庇护人大公爵（Grand Duke）来说，这种表演是一种知识性的娱乐。在17世纪初的宫廷环境里，“要紧的是表演，而不是最后的结果”。

事实证明，人类学的一些经典著作十分有益于历史学家的思考，并为他们面临的一些问题提供了解决方法。不过，如果仅仅从历史写作内部的历史去解释他们为什么对人类学发生兴趣，那就目光短浅了。这些是当时的历史学家，无论是有意识还是无意识地，对一个更为广阔的世界里所发生的变化，其中包括对进步的信念的丧失，也包括对反殖民主义和女权主义运动的兴起，所做出的反应。

尤其是在美国，黑人意识觉醒运动（Black Consciousness Movement）的兴起给大学引入“黑人研究”带来了压力，其中就包括非裔美国人的社会和文化史。这一方法扩展到已经被称为“新种族史”的研究中，先是出现了“黑人性”历史，后来也出现了“白人性”历史。[28] 同样，女性和女性主义社会与文化史也在扩展，并将男性化也包括其中，描述为性别文化史。[29]

三　微观史学

20 世纪 70 年代，人们看到了一种新型的历史学即“微观史学”的兴起，至少，人们可以给它贴上这样一个标签。从事这项研究的是为数不多的意大利历史学家，其中有卡洛·金兹堡、乔凡尼·莱维(Giovanni Levi)和爱德华多·格兰迪(Edoardo Grandi)。这件事情至少可以从三个方面来分析。 46

首先，微观史学是对某种类型的社会史的反拨。这种类型的社会史以经济史为榜样，采用计量方法，着重描述总的趋势，对有关当地文化的多样性和特殊性却没有表现出太多的认识。在德国，这两种史学方法引发了一场争论，汉斯·梅迪克代表微观史学，汉斯-乌尔里希·韦勒(Hans-Ulrich Wehler)和于尔根·科卡(Jürgen Kocka)代表宏观史学“社会史”。

其次，微观史学是对历史学与人类学的碰撞做出的反应。人类学家提供的是另一类模式，是一种经过扩展的个案研究的模型。这一模

---

〔28〕 Lawrence Levine, *Black Culture and Black Consciousness*(New York, 1977); David Olusoga, *Black and British: A Forgotten History*(2015); Peter Kolchin, 'Whiteness Studies: The New History of Race in America', *Journal of American History*(89, 2002), 154-73.

〔29〕 Jeff Chang, *Who We Be: A Cultural History of Race in Post-Civil Rights America*(2016).

型为文化研究提供了空间,可以摆脱经济决定论或社会决定论的束缚,也可以用来研究个人,群体中的个人。于是,显微镜成为取代望远镜的一种有吸引力的选择,它使得具体的个人或地方性的经历重新走进了历史学。[30]

再次,微观史学是对“宏大叙事”失望后所做出的反应。所谓的“宏大叙事”描述了人类的进步,描述了西方现代文明经由古代希腊和罗马,到基督教兴起、文艺复兴、宗教改革、科学革命、启蒙运动、法国革命和工业革命的兴起过程。然而,这个成功的故事对许多其他文化所取得的成就和做出的贡献却只字不提,更不用说那些根本没有参与上述运动的西方社会群体。有人对史学上的这种宏大叙事提出了批评,也有人对英国文学史上一些伟大作家或西方艺术史上一些大画家所制定的所谓“典范”提出了批评。显然,这两种批评之间存在着平行关系。在这些批评的背后,我们看到了一种针对全球化的反动,其主张重视区域文化和地方知识的价值。

20 世纪 70 年代中期出版的两本著作让微观史学初现端倪:一本是埃曼纽尔·勒华拉杜里的《蒙塔尤》(*Montaillou*,1975),另一本是卡洛·金兹堡的《奶酪与虫子》(*Cheese and Worms*,1976)。这两本著作都取得了学术上的成功,同时也都赢得了众多的读者。

《蒙塔尤》描绘了 14 世纪初,法国比利牛斯山区一个小村庄里 200 来个居民生活的历史画卷。这幅画卷之所以能够呈现出来是因为宗教

47

---

〔30〕 Giovanni Levi, 'Micro-history', in Peter Burke (ed.), *New Perspectives on Historical Writing* (1991; 2nd edn. Cambridge, 2001), 97-119; Jacques Revel (ed.), *Jeux d'échelle* (Paris, 1996).

裁判所(the Inquisition)[31]的审讯记录留存了下来,其中记录了对25个被怀疑为异端的村民进行审问的情况。这本书采用了社会学家从事社区研究时经常采用的那类形式,但在各个章节中,作者提出了当时法国历史学家正在争论的问题,比如关于儿童的问题,关于性行为的问题,关于时间与空间地方意识的问题,或将农民房屋作为家庭价值观的体现等问题。《蒙塔尤》是对文化史的一大贡献,从广义上说,它包括了物质文化和心态史。

《奶酪与虫子》所依据的也是宗教裁判所的记录,但这一次的记录来自16世纪意大利东北部的弗留利,集中描述的是一个被怀疑为异端的人在被审问时所表现出来的个性。此人是个磨坊主,名叫多梅尼科·斯坎德拉,但人们都称他"梅诺奇奥"(Menocchio)。令审讯者惊奇不已的是,梅诺奇奥在回答他们的问题时竟然是长篇大论,详细地解释对宇宙的看法。这本书的书名就是取自梅诺奇奥的信仰:在混沌之初,天地万物一片混乱,构成这种大团块的成分"就像奶酪之于牛奶,在那个大团块中出现了一些虫子,它们就是天使"。在审讯他的过程中,梅诺奇奥还详细地列举了他读过的书籍以及他如何解释这些书籍。金兹堡的著作就是以这样的方式对新型的"阅读史"做出了贡献,这在之后的章节有所讨论。

《奶酪与虫子》可以说是一本"自下向上的历史",因为它集中讨论了意大利马克思主义者安东尼奥·葛兰西所说的"下等阶级"中一个成员的世界观。书中的主人公梅诺奇奥可以被看作一个"极其普通的人",而作者从各种不同的角度去考察他的思想:有的场合,把他当作一个精神不正常的人,因为他并不符合异端分子的套式,甚至让审讯者

---

[31]　此处特指中世纪罗马天主教为审判异端分子而设立的宗教法庭。——译注

感到无所适从；但在某些场合，又把他当作传统的和口头的农民文化的代言人来对待。书中的论点并不始终一致，但总能发人深省。

还有一些历史著作，主要是在地理学或民俗学而不是在人类学的启发下写出来的。这些著作研究了比村庄和家庭的范围更大的地方单位和区域。例如，查尔斯·菲西安-亚当斯（Charles Phythian-Adams）试图识别出他所说的英格兰的“文化区”。这些“文化区”共有 14 个，范围比郡大，但比习惯上将英格兰划分成的东北部、米德兰、西南部等那样的地区小一些。戴维·昂德当（David Underdown）则着重于研究近代早期大众文化的多样性，将文化形式与地方经济甚至与居住模式联系起来。例如，他指出，在“维尔特郡和多赛特的低地地区”，足球特别盛行，这与当地有“核心村落并存在着牧羊-玉米经济有关”。[32]

48

在大西洋的彼岸，戴维·菲舍尔（David Fischer）写的《阿尔比恩的种子》（*Albion's Seed*, 1989）引起广泛的讨论。[33] 他把殖民地时期的美洲划分为四大文化区，每一个文化区都是由来自英格兰一个地区的移民逐步形成的：例如从东盎格里亚来的移民形成了马萨诸塞，从英格兰南部来的移民形成弗吉尼亚，从中北部来的移民形成特拉华，最后一个文化区是 18 世纪从不列颠北部来的移民所形成的宾夕法尼亚西部的“边远乡村”。菲舍尔认为，在这四个区域里，每一个区域有他所称的“民风”（folkways），也就是他用来描述文化的特色概念，从语言到建筑住宅的风格等，都是依据原来的英格兰某个地区的传统渐次形成的。

---

〔32〕 Charles Phythian-Adams, 'The Agenda for English Local History', in *Societies, Cultures and Kinship* (Leicester, 1993), 1-23; David Underdown, 'Regional Cultures', in Tim Harris (ed.), *Popular Culture in England c. 1500-1850* (1995), 28-47.

〔33〕 阿尔比恩（Albion）泛指英格兰或不列颠。这一称谓源于古希腊人和古罗马人对此地的称呼。——译注

比如,新英格兰地区那种安装有挡风板式的房屋就是东盎格里亚的房屋式样的重现,弗吉尼亚人的口音和词汇就是来自苏撒克斯和威撒克斯的方言等。

自 20 世纪 70 年代以来,有数百本微观史学的著作出版,分别专门讨论了村庄与个人、家庭与习俗、骚动、凶杀与自杀,可谓精彩纷呈,给人以深刻的印象。但是,这些著作似乎都受到一个法则的制约,即把学术思想的收获缩小为一种特定的研究方法。其中有一个大问题,就是分析社区与外部世界的关系。金兹堡显然也碰到了这个问题,但并非他的所有模仿者都碰到了这个问题。比如说,德国的微观史学家汉斯·梅迪克在有关莱辛根地区一个士瓦本村庄的著作中,就特别强调了当地与全球之间的关系。后来的一些研究又以聚焦于这个主题的方式,再次激活了微观史的研究。[34]

微观史学转向的有意思的结果之一就是重新引发了有关历史解释的争论。例如,内战在国家层面上看起来是思想意识的冲突,但从地方层面来观察,却更像是利益之间的对立或冲突。[35]

49

英国历史学家 J. H. 普拉姆(J. H. Plumb)的一篇影响力不怎么大的论文,为这种解释提供了一个鲜活的例证。普拉姆是莱斯利人,他受邀担任《维多利亚乡村史》(*Victoria Country History*)中"莱斯利卷"的主编,并撰写其中的一章,包括莱斯利乡村从改革到 19 世纪末的政治史。他讲述了莱斯利郡几乎 4 个世纪的政治史,描述了两个贵族家族之间

---

〔34〕 Hans Medick, *Weben und Überleben in Laichingen, 1650-1900. Lokalgeschichte als Allgenmeine Geschichte*(Göttingen, 1996).

〔35〕 一个 16 世纪西班牙的例子,是 Jaime Contreras, *Sotos Contra Riquelmes*(Madrid, 1992)。

围绕权力的斗争:一开始是格雷家族与哈斯丁家族之间的争斗,后来是格雷家族与曼纳家族之间的争斗;一个家族支持查理一世,另一个家族支持议会;一个家族转向托利党,另一个家族选了辉格党;一个家族支持保守党,另一个家族支持工党。[36] 在本地层面,利益似乎盖过了思想。我们能够调和这两种一边来自下层和边缘而另一边来自上层和中心的观念吗?或者说,我们得迫使自己去跟随物理学家在两者之间变来变去,既把光看作光波又把光看作粒子吗?

四 后殖民主义与女权主义

正如在前一部分已经指出的,西方文明进程的宏大叙事之所以遭到反对,一个主要原因是人们日益认识到被它忽视或有意掩盖的东西。第三世界国家争取独立的斗争,以及关于第三世界国家正在继续遭受富国的经济剥削的辩论,使人们注意到殖民主义偏见的势力,而且还注意到这种势力被维持下来并进入了“后殖民主义时代”。这就是后殖民主义理论——或者更准确地说,是相互竞争的多种后殖民主义理论——兴起的文化背景。此后,“后殖民研究”采取了制度化的形式,提出了一整套跨学科的研究主题,其中也包括某种类型的文化史。[37]

其中,有一本著作竭尽全力揭示了西方偏见的力量,那就是爱德华·萨义德(Edward Said)写的《东方主义》(*Orientalism*,1978)。这本煽动性极强的著作注意到了东方(Orient)与西方(Occident)的二元对

〔36〕 J. H. Plumb, 'Political History, 1530-1885', *Victoria County History*, *Leicestershire*, vol. 2(1954), 102-34.

〔37〕 Robert J. C. Young, *Postcolonialism: A Historical Introduction*(Oxford, 2001).

立在西方思想中的重要性。萨义德在论述中使用的这些术语显然得益于列维-斯特劳斯。该书的作者论证说,“他们”和“我们”之间的这一区别正是借助于职业性的东方学家才得以保留下来,而这类学术专家本应将这一区别消除掉。萨义德还指出,自18世纪末以来,东方主义,无论是显性的还是隐性的,都带有殖民主义的烙印,是“西方风格的统治、重构,以及对东方的主宰”。 50

《东方主义》一书分析了西方的旅行者、小说家和学者在认知中东时所使用的各种图式,诸如“落后”“堕落”“专制”“宿命”“奢侈”“消极”“耽于声色”等套式。在书中,作者的愤怒之情溢于言表,情绪激动地要求那些外国人在观察中东的文化时不要戴有色眼镜,也不要带有敌意的或恩赐的态度。这本书引发许多同类著作的问世,研究范围不仅涉及亚洲、非洲和美洲,甚至包括欧洲。例如,英国人对爱尔兰的看法就被标以“凯尔特主义”。与此同时,还出现一个十分有趣的报复行动,凡属“西方”的认知套式都被冠以“西方主义”的名称。[38]

另一场争取独立的斗争是女权运动,它对文化史同样产生了广泛的影响。这场运动关注的问题不仅有从来不加掩饰的男性偏见,还有女性对文化做出的贡献,而她们的贡献在传统的宏大叙事中根本看不到。若要全面了解在这样一个迅速扩大的领域里发生了什么,可以翻阅一下历史学家乔治·杜比和米歇尔·佩罗(Michelle Perrot)主编的五卷本著作《西方妇女史》(*History of Women in the West*, 1990—1992),

---

〔38〕 对萨义德的中心论点所做的批评,参见 John MacKenzie, *Orientalism: History, Theory and the Arts*(Manchester, 1995);关于“凯尔特主义”,见 W. J. McCormack, *Ascendancy and Tradition*(Oxford, 1985), 219-38. James Carrier(ed.), *Occidentalism: Images of the West*(Oxford, 1995)。

其中包括许多有关文化史的论文，涉及妇女教育、男性的妇女观、女性的孝道、女性作家、供女性阅读的书籍等内容。

至于女权主义运动影响历史学实践的个案研究，我们可以看一看已出版的一些有关文艺复兴时期的历史著作。具体说来，尽管长期以来女性学者一直在研究文艺复兴时期重要的女性人物，例如尤莉亚·卡特莱特（Julia Cartwright）早在 1903 年就出版了一本研究伊莎贝拉·德斯特（Isabella d'Este）的著作，但琼·凯丽（Joan Kelly）的那篇檄文式的论文《妇女有文艺复兴吗？》从整体上看，是这个领域的里程碑。[39] 从那以后，一系列研究文艺复兴时期女性人物的成果相继问世。有一批论著集中研究了文艺复兴时期的女性艺术家，以及她们在职业生涯中遇到的障碍；还有一批论著从类似的角度讨论了女性人文主义者，并且指出，她们想要得到男性同行的认真对待，或在结婚及进了女修道院以后，还想要找到学习的时间是多么困难。

51

然而，正是由于妇女逐步加入了我们称之为文艺复兴的研究领域，从而导致了它的转变，或者用凯丽的话来说，导致了它的"重新定义"。这里可以举一个例子来说明。现在的研究把文艺复兴时期的女性写作称为"女性文墨"（women's writing），却不使用"文学"（literature）一词。这两个词汇的差别究竟有多大，需要超越文学体裁的通常分类去看待，这些文学类型里女性并没有得到充分展现。女性文墨在文类中被强调的是一种可以称之为"非正式文体"的写作，比如私人信函等。此外，在文艺复兴时期的艺术中，妇女的突出作用是作为庇护人，而不是作为艺术家，例如伊莎贝拉·德斯特就是这样一个角色。因此，对妇女史的

---

〔39〕 参见 Joan Kelly, *Women, History and Theory*（Chicago, 1984）。这部专论第一次发表于 1977 年。

兴趣推动了研究兴趣从艺术创作向艺术消费的全面转移。[40]

如果要找出一个新型妇女文化史研究的例子,可以看一看卡罗琳·拜纳姆(Caroline Bynum)写的《神圣的宴席与神圣的斋戒》(*Holy Feast and Holy Fast*, 1987)。这本书研究了中世纪晚期饮食的符号意义,特别是"其中充盈着的宗教符号"。作者大量引用了玛丽·道格拉斯、杰克·古迪和维克多·特纳等人类学家的著作。她论证说,饮食作为一种符号对女人比对男人更重要,它在"宗教女性的生活与写作中所得到的关注达到了着迷的程度,压倒了一切"。比如,女性"将饮食看作上帝",全身心地投入圣餐仪式。这本著作的写作灵感来自当时有关厌食问题的辩论,但作者非常谨慎,防止将现在的态度反过来投射到过去。拜纳姆论证说,女性节食并不是一种病态行为,而是有它自己的含义——它不仅是一种自我控制的形式,而且是一种"批判和控制主宰者的方式"。

将这本书与赫伊津哈有关中世纪晚期的著作中关于宗教的那几章做一番对照,也许有一定的启发。拜纳姆更加重视实践,更重视妇女,与此同时,还对符号的普遍性表达出了一种更为肯定的态度;而在赫伊津哈那里,这被看作衰落的表征。在这些方面,拜纳姆的著作为所谓的"新文化史"树立了一个很好的榜样,而新文化史正是下一章要讨论的主题。

---

〔40〕 反映以上所讨论的那些趋势的著作有 Patricia Labalme(ed.), *Beyond their Sex: Learned Women of the European Past*(New York, 1980); Catherine King, *Renaissance Women Patrons*(Manchester, 1988); Lorna Hutson(ed.), *Feminism and Renaissance Studies*(Oxford, 1999); Letitia Panizza and Sharon Wood(eds.), *A History of Women's Writing in Italy*(Cambridge, 2000); Virginia Cox, *Women's Writing in Italy, 1400-1650*(Baltimore MD, 2008)。

第四章　新范式？

52　上一章已经指出，历史学家与人类学家在20世纪70年代和80年代的思想碰撞，引发了文化史上意义最为重大的创新。总体而言，人类学给文化史留下印记；具体而论，吉尔兹给文化史刻下的烙印，依然清晰可见。然而，所谓的“新文化史”所获得的灵感，来源并不止一个。无论在整体还是在个别的层面上，“新文化史”都是博采众长的结果。

“新文化史”(New Cultural History)一词从20世纪80年代起就开始有人使用。美国历史学家林恩·亨特主编并于1989年出版的一本很出名的著作就使用了“新文化史”作为书名。到现在，新文化史在美国已经成为文化史实践的主要形式，甚至说它是历史学实践的主要形式也不过分。在某种意义上，新文化史所遵循的是一种新的“范式”，也就是托马斯·库恩(Thomas Kuhn)在论述17世纪科学“革命”的结构的著作中提出的术语。换句话说，这是一个为“普通”的实践提供的模式，而研究的传统则产生于兹。[1]

新文化史一词中的“新”字是用来将新文化史区别于上文已经讨论过的那种旧形式的历史学，就像20世纪70年代法语中的“新史学”(nouvelle histoire)一样，而且它们之间有不少共同之处(从现在起，新

〔1〕 Thomas Kuhn, *The Structure of Scientific Structure*(Chicago, 1962), 10.

文化史也用来指称法国和美国式样的文化史)。其中,“文化”一词的使用是为了将它区别于思想史(intellectual history),亦即主张把研究重点放在心态、预设或情感上,而不是放在观念或者思想体系上。这两种研究方法之间的差异也许可以用简·奥斯汀(Jane Austen)对“理智和情感”所做的那种著名的对比来看待——思想史是大姐,更严肃,更准确;而小妹比较含糊,但更富有想象力。

53

“文化”一词还被用来将新文化史区别于她的另一位姐妹,即社会史,在其中的一个领域即城市史中,研究方法的变化表现得特别明显。城市政治史的研究,也可以称作“市政史”,至少从18世纪以来就一直在实践中。城市的经济与社会史研究兴起于20世纪50年代和60年代。然而,城市的文化史研究属于第三次浪潮,并以卡尔·休斯克的著作《世纪末的维也纳》(*Fin-de-Siècle Vienna*, 1979)以及随后发表的著作为标志。休斯克集中研究了高雅文化,但将它置于城市的背景之下。另一些文化史学家则更关心城市尤其是大城市中的亚文化,把城市看作一个大舞台,认为它为表现自我甚至重塑自我提供了许多机会。[2]

应该将新型的文化史看作对前面所概述的挑战做出的反应,对“文化”领域的扩张做出的反应,对崭露头角的“文化理论”的兴起做出的反应。例如,上一章结束时所讨论的卡罗琳·拜纳姆的著作显然从朱利亚·克里斯蒂娃(Julia Kristeva)和露西·伊里加雷(Luce Irigaray)等女权主义理论家那里获得了许多信息。她们在书中分析了男性话语与女性话语的区别。可以这样看,理论是针对问题而做出的反应,同时

---

〔2〕 Thomas Bender and Carl E. Schorske(eds.), *Budapest and New York: Studies in Metropolitan Transformation*(New York, 1994); Robert B. St George(ed.), *Possible Pasts: Becoming Colonial in Early America*(Ithaca, 2000).

又把这些问题重新概念化。有些文化理论让历史学家意识到了新的问题（或者他们并不知道他们自己事实上已经知道了的那些问题），同时，这些理论自身也产生了一些问题。

关注理论是新文化史最明显的特征之一。比如说，德国哲学家、社会学家于尔根·哈贝马斯（Jürgen Habermas）有关18世纪法国和英国资产阶级"公共领域"兴起的想法引发了大批著作的出版，其数量之多可以摆满一书架，它们批判或修正了他的思想，同时又把他的思想延伸到其他历史时期、国家、社会群体（比如妇女），以及绘画或音乐等活动领域。与其假设说公共领域既存在于又缺席于某一个特定社会，倒不如这样考虑：就争论的范围而言，公共领域或大或小，且涉及或多或少类型的人，这已经被证明是更有成效的。特别值得一提的是报刊史，它正是在回应哈贝马斯论断的过程中得到了发展。[3]

54 此外，雅克·德里达（Jacques Derrida）的有关"补充"（supplement）的思想，即论证边缘在形成核心的过程中所起作用的理论，也被历史学家运用于一些不同背景下的研究。美国学者琼·斯科特（Joan Scott）应用"补充"一词来描述妇女史的兴起。她说，在妇女史当中，"妇女既是被添加进来的"，"偶尔也是历史的改写"（第三章所讨论的文艺复兴时期的妇女就属于这种情况）。在同一潮流下，有关欧洲巫术的一本著作指出，在近代早期，当许多人感到自己受到了巫师的威胁时，信仰

---

〔3〕 有关这次辩论，见 Craig Calhoun（ed.），*Habermas and the Public Sphere*（Cambridge，MA，1992）。请参阅 Joan Landes，*Women and the Public Sphere in the Age of the French Revolution*（Ithaca，1988）；Thomas F. Crow，*Painters and Public Life in Eighteenth-Century Paris*（Princeton，1985）；Brendan Dooley and Sabrina Baron（eds.），*The Politics of Information in Early Modern Europe*（2001）；Patrick Boucheron and Nicolas Offenstadt（eds.），*L'espace public au Moyen Age: débats autour de Jürgen Habermas*（Paris，2011）。

体系所依赖的恰恰是他们正在试图驱除的成分。[4]

一　四位理论家

这一节专门讨论四位理论家，他们的著作对新文化史的实践者来说极其重要。他们是米哈伊尔·巴赫金、诺贝特·埃利亚斯、米歇尔·福柯和皮埃尔·布尔迪厄（Pierre Bourdieu）。我先归纳一下他们的核心思想，然后再思考他们的思想是如何被运用的。巴赫金是一位语言学和文学理论家，他的深刻见解与视觉文化有一定的关系；而其他三位是社会理论家，他们从事研究的时代恰恰是社会与文化之间的边界似乎正在逐渐消失的时代，正如我们已经看到的那样。我们在这里讨论这些理论家，并不是为了劝说读者接受他们的思想并简单地用其去分析过去，而是为了鼓励读者来检验他们的理论，并在检验的过程中去考察新的历史主题，或把旧的历史主题理论化。

米哈伊尔·巴赫金的声音

米哈伊尔·巴赫金是20世纪最富原创性的文化理论家之一。直到他的著作《拉伯雷和他的世界》（*Rabelai and his World*, 1965）被翻译成法语和英语之后，至少是在苏联境外，他才被历史学家们所发现。在苏联，他曾经是符号语言学领域中的所谓“塔尔图学派”（Tartu School）的灵魂之一。尤里·洛特曼也属于这个学派（前文已经讨论过）。巴赫金有关拉伯雷的著作使所用的基本概念是“狂欢节化”（carnivaliza-　55

[4] Joan Scott, ‘Women's History’, in Peter Burke, *New Perspectives*, 43-70, *at* 50-1; Stuart Clark, *Thinking with Demons* (Oxford, 1997), 143.

tion），此外还有诸如“脱冕”（uncrowning）、“集市语言”（the language of the marketplace）、“怪诞现实主义”（grotesque realism）等概念。所有这些概念都在新文化史的著作中被经常使用，因此根本无法考虑倘若没有了这些概念，新文化史该会怎么办。

例如，鲍勃·斯克里布纳（Bob R. W. Scribner）在运用一种富于启发性的新方法研究德国宗教改革的历史及其对当时大众文化的影响时，就使用了巴赫金论狂欢节和世俗化仪式的著作中提出的观点。巴赫金认为，盛装游行被改革者用来作为一种戏剧性的表达方式，向普通民众证明天主教的偶像和圣徒遗物根本就不灵验。

这样的思想从拉伯雷时期的法国传入18世纪的英格兰，从文学史传入了艺术史，也影响到了对画家勃鲁盖尔（Brueghel）[5]和戈雅（Goya）[6]的研究。至于巴赫金的有关“高级”文化被“下层”文化，尤其是被大众的嘲笑声所颠覆和渗透这一具有重要意义的看法，几乎快要成为新的正统观念，没有受到一点诘难就被全盘接受下来了，至少曾经如此。[7]

相反，巴赫金提出的另一些同样有趣的思想，例如有关言语类型的思想，以及在同一个文本中可以同时听到不同声音的思想，也就是他所

---

〔5〕 勃鲁盖尔家族（Brueghel，亦作 Bruegel）是16—17世纪尼德兰地区的著名画家家族。这个家族贡献了老勃鲁盖尔（1525？—1569）、大勃鲁盖尔（1568—1625）和小勃鲁盖尔（1564—1638）等著名画家。——译注

〔6〕 戈雅（Goya，1746—1828），西班牙画家。——译注

〔7〕 Mikhail Bakhtin, *Rabelais and His World*（1965; English trans. Cambridge, MA, 1968）; id, *The Imagination*（Manchester, 1981）; Robert W. Scribner, *Popular Culture and Popular Movements in Reformation Germany*（1987）, 95-7; Peter Burke, ‘Bakhtin for Historians’, *Social History*（13, 1988）, 85-90.

说的“多音性”（polyphony）、“多语性”（polyglosisia）和“杂语性”（heteroglossia）的思想，除了在文学圈子内，并没有引起多大的注意。这确实很遗憾，因为它显然有助于说明把狂欢节看作众多不同声音的表达是很有道理的，有嬉戏的也有攻击性的声音，有上层的也有下层的声音，有男人的也有女人的声音，等等，就不会把它缩小为只是简单地表达了大众的颠覆性。

再者，在一个牢固的或单一的自我观念遭遇挑战的时代，（巴赫金的）“杂语性”概念显然跟某些历史学家所说的“我史”（ego-documents）有关联。这种“我史”，换言之，就是用第一人称写作的文本。一则日记，其中有报纸摘要，或是一本旅行日志，其中包括旅行指南上的段落，显然就是不同声音共存——假如不是对话的话——的例子。

诺伯特·埃利亚斯论文明

诺伯特·埃利亚斯是一位社会学家，一生都对历史感兴趣，而且终生关注“文化”（指文学、音乐、哲学等）和“文明”（指日常生活的艺术）。我们在第一章就讨论过他的《文明的进程》（*Civilizing Process*，1939）一书。那本书既是对社会理论也是对历史学的贡献。 56

这本著作的中心概念之一是“窘境的门槛”（Schamgrenze）和“反感的门槛”（Peinlichkeitschwelle）。根据埃利亚斯的观点，17 和 18 世纪逐渐提高了这两个门槛，于是越来越多的行为方式被从有教养的社会圈子中排除出去。另一个基本概念是“自我控制的社会压力”（Soziale Zwang nach Selbstzwang）。这些概念的外延包括“竞争”（competition）、“惯习”（habitus，布尔迪厄后来使这个概念变得非常出名）与“组构”（figuration，即指不断变化的人与人之间的关系模式，埃利亚斯将它比作舞蹈）。

《文明的进程》的德文版于1939年首先在瑞士问世，当时并没有引起多大的反响，但是自20世纪60年代以来，它的影响不断增强，对安东·布洛克（Anton Blok）等历史人类学家、罗歇·夏蒂埃等文化史学家，甚至于对艺术史学家和科学史学家都产生了越来越大的影响。他提倡的“礼貌”（civility）一词在英语世界的历史学家的著作中越来越多地被使用，标志着他们日益认识到了埃利亚斯的重要性，即便他们对其著作的了解程度，实际上仅限于知道他曾经有过研究宫廷和餐桌的著作，根本不知道他还写过有关体育运动、时间，以及成名人物和外行人之间差异的著作。[8]

《文明的进程》也成了许多人批评的对象。例如，有人指责它完全忽视了中世纪，对意大利或者性问题的讨论不够充分；也有人批评他在夸大宫廷影响的同时低估了城市的影响。此书作者明确主张，“文明”本质上是个西方的现象，这个观点也相当另类。然而也有人认为，尽管人们常常批判埃利亚斯对历史的解释，但又逐渐发现他的社会理论和文化理论非常管用而便于思考。这句话也许可以用来归纳文化史学家对埃利亚斯的观点做出的回应。[9]

---

〔8〕 Norbert Elias and Eric Dunning, *Quest for Excitement: Sport and Leisure in the Civilising Process*(Dublin, 2008); Elias, *An Essay on Time*(Dublin, 2007); Elias and John L. Scotson, *The Established and the Outsiders*(Dublin, 2008).

〔9〕 有关英国史学家的观点，参见 Peter Burke, Brian Harrison and Paul Slack(eds.), *Civil Histories: Essays Presented to Sir Keith Thomas*(Oxford, 2000)。有关对埃利亚斯的批评，参见 Jersen Puindam, *Myths of Power: Nobert Elias and the Early Modern European Court*(Amsterdam, 1995)。

米歇尔·福柯论体制

凡是埃利亚斯强调自我控制的地方，在福柯那里则强调当权者对自我，尤其是对身体实施的控制。福柯首先是一位哲学家，后来转变成历史学家，继而又从一名思想史学家转变为社会史学家。他凭借一系列有关癫狂、诊疗、思想体系、监控和性的史学著作而声名鹊起。[10] 在新文化史方面，他提出的三种观念产生了尤为巨大的影响。

57

第一，福柯猛烈地批判了目的论的历史解释。目的论运用黑格尔和 19 世纪其他哲学家提出并被历史学家在日常的实践中视为理所当然的进步论、进化论以及自由与个人主义的兴起来解释历史。福柯的研究方法则是从“谱系学”（genealogy）入手。这个术语是他从尼采那里借用来的，强调“偶然事件”的影响，而不去追溯思想演进的轨迹或者探究现存制度的起源。

福柯还强调文化的非连续性或者“断裂”。例如，在 17 世纪中叶前后，词与物之间的关系发生的变化，17 世纪“疯癫”一词的“发明”，以及 19 世纪“性欲”（sexuality）一词的“发明”。在所有这些变化中，库恩所说的新范式以相当快的速度取代了过去的旧范式。这里对文化建构的强调，对文化史做出的贡献，这很大程度上要归功于福柯的例证，关于这个问题，下面将会进行讨论。

第二，福柯把分类系统（即他所称的“知识系统”[epistemes]或“真

---

[10] Michel Foucault, *Madness and Civilization*(1961; English trans. 1965); *The Order of Things*(1966; English trans. 1970); *Discipline and Punish*(1975; English trans. 1979); *History of Sexuality*(3 vols, 1976-84; English trans. 1984-8). 关于评价，见 David C. Hoy (ed.), *Foucault: A Critical Reader*(Oxford, 1986)。

理的体制"[regimes of truth]),视为既表达了某个特定文化,与此同时又强制性地形成了那一文化。他自称"考古学家",因为他相信历史学家的工作是表层化的,而为了达至思想的结构,或者达至他喜欢说的"网"(*réseaux*)或"格"(*grilles*),必须往深处发掘。而"网""格"犹如思想的"过滤器",这一观点是由卡洛·金兹堡采用的,其要害在于指出,这种结构在容纳某些信息的同时也排除了另外一些信息。

福柯受聘为法兰西学院"思想体系史"教授之后,发表了一篇就职演讲,题目是《话语的秩序》(*The Order of Discourse*, 1971)。在演讲中,他将目标确定为对思想控制的研究,包括如何将某些思想或话题排除在思想体系之外。在他的四本最重要的著作中有三本涉及某些特定的群体(疯癫者、罪犯和性变态者)是如何被排除在知识秩序和社会秩序之外的,因为这类秩序将他们视为威胁。

58

相反,他的另一本著作《事物的秩序》(*The Order of Things*, 1966;即《词与物》)所讨论的,是在一定的历史时期里支撑和组织全部所思、所说和所写的范畴和原则。书中所涉及的时期是 17 和 18 世纪,换句话说,他讨论的对象是这个时期的"话语"。福柯在这本著作中指出,这些集体的话语比单个作家的话语更适合于研究。此话让一些读者大为震惊,而另一些读者却大受启发。福柯的话语概念为萨义德写《东方主义》提供了主要灵感。对福柯的潜在追随者来说,他们面临的问题是这个关于话语的核心观念,如同库恩的范式观念或马克思的阶级观念一样,它也是一个模糊的概念。如果说得更明白一些,那就是在 18 世纪的法国究竟有多少话语?3 个,30 个,还是 300 个?

第三,福柯所写的思想史(intellectual history),既包括理论也包括实践,既包括头脑也包括身体。他的实践概念是与他对自己所说的权力"微观物理学"(microphysics)的强调有密切关系的。所谓权力微观物理学,换句话说,也就是指微观层次上的政治。他指出,“话语实践”建构或组成了言说的对象,而且最终建构或组成了作为整体的文化或社会。但是,“凝视”(*le regard*)则是现代“规训社会”的一种表达。

在《规训与惩罚》(*Discipline and Punish*, 1975)一书中,作者做了一系列的类比,把监狱、学校、工厂、医院和兵营比喻为数量如此之多的生产“驯服身体”(docile bodies)的机构。例如,教室的空间安排就像练兵场和车间的空间安排一样,是为了方便于用监视的方式进行控制。他在一个著名的段落里描述了 19 世纪的改革家边沁(Jeremy Bentham)所提出的模范监狱的改革计划。这项计划设计了一种全景式的监狱(Panopticon),是为了让监狱看守能看见所有的一切,而他们自己却不会被别人看到。[11]

皮埃尔·布尔迪厄的应用

布尔迪厄与埃利亚斯和福柯不同,他从哲学家转变成为人类学家和社会学家,虽然他也有丰富的历史知识,并就 19 世纪的法国史发表过许多深刻的见解,自己却从未写过历史著作。然而,他在一系列著作中形成的概念和理论——先是有关柏柏尔人的著作,然后是有关法国人的著作,都与文化史学家有非常密切的关系,其中包括“场域”(*champ*)的概念、实践的理论、文化再生产的思想和“区隔”(distinction)的观念。[12]

59

---

〔11〕 全景式监狱是指看守室位于中央的环形监狱。位于中央的看守人可以环视所有的牢房。——译注

〔12〕 Pierre Bourdieu, *Outlines of a Theory of Practice*(1972; English trans. Cambridge, 1977); id, *Distinction*(1979; English trans. 1984);对他的评价,见 David Swartz, *Culture and Power, The Sociology of Pierre Bourdieu*(Chicago, 1997)。

布尔迪厄提出的“场域”（field）概念，包括文学、语言学、艺术、思想或科学中的场域，指的是某个特定时期在某个特定文化中，获得独立并产生出自己文化惯例的自主领域。迄今为止，被文化场域的观念所吸引的历史学家人数并不多，尽管研究法国文学和知识分子兴起的一些学者发现这个概念很有说服力。

影响更大的是布尔迪厄称之为“文化再生产”的理论。文化再生产的过程是指某个社会群体，例如法国的资产阶级，通过一种似乎自主和公正的教育体制来维持自己在社会中的地位，然而事实上，被录取进入高校的学生都带有他们在各自生活的群体中被反复灌输而形成的那种素质。

布尔迪厄的另一项重要贡献是他的“实践理论”，尤其是他的“惯习”概念。他认为列维-斯特劳斯等结构主义者的著作中提出的有关文化规则的思想太僵化死板，因此他从某种图式框架内的持续性即兴行为的角度去考察日常生活中的实践，而这种图式是被某种文化反复灌输于头脑和身体之内的。他使用的术语包括身体图式（*schéma corporel*）和思想图式（*schéma de pensée*）。他从艺术史学家欧文·帕诺夫斯基那里借用“惯习”这一术语（而帕诺夫斯基又是从学院派哲学家们那里借来的），用以指称即兴行为的能力。[13] 按照布尔迪厄的说法，比如在法国，资产阶级的惯习与高等教育体系里所褒奖的相一致。由于这样的原因，资产阶级的子弟们能成功地通过考试似乎是非常“自然的”事情。

布尔迪厄还大量使用了来自经济学的比喻，用商品、生产、市场、资

---

〔13〕 这是布尔迪厄自己的说明，是在1982年与我的一次谈话中这样说的。已经有人指出，“惯习”这个术语莱布尼兹也使用过，布尔迪厄在师范学校时研究过他的哲学。

本与投资等概念来进行文化分析。他的术语,如"文化资本"和"符号资本"已经成了社会学家和人类学家,以及至少是部分历史学家的常用词汇。 60

布尔迪厄使用了"策略"这一军事术语进行比喻,不仅用来分析农民的婚姻,还用于对文化的研究。当资产阶级不进行文化资本的投资以牟利时,他们所采取的是区隔的策略,例如,他们把巴赫和斯特拉文斯基的音乐用作一种手段,将自己与他们所认为的"下等"群体区分开来。正如布尔迪厄所说:"社会认同依赖于差异,而差异的表达是为了区别于最接近者,因为最接近者意味着最大的威胁。"

就像埃利亚斯的例子一样,对文化史学家来说,有吸引力的与其说是比较抽象的场域理论或再生产理论,不如说是布尔迪厄对资产阶级生活方式的敏锐观察,尤其是他们为了"区隔"而做的追求或者力争。然而,一般性理论也可给那些希望进行描述和分析的历史学家提供某些帮助。尽管布尔迪厄的理论也受到了批判,被指责为带有过于强烈的决定论或简化论的倾向,但它依然迫使我们去重新检视对传统和文化变迁所持的看法。

总而言之,这四位理论家都鼓励文化史学家应当去关注表象和实践,而按照新文化史的旗手之一罗歇·夏蒂埃的说法,这恰恰是新文化史的两个突出特征。

二 实 践

"实践"是新文化史的口号之一,也就是说,其应当研究宗教实践的历史而不是神学的历史,应当研究说话的历史而不是语言的历史,应当研究科学实验的历史而不是科学理论的历史。正是由于这种实践转向，一度丢弃给业余人士去研究的体育史现在变成了职业历史学家的研究领域，而且这一领域创办了自己的学术刊物《国际体育史杂志》(*International Journal for the History of Sport*)。

但颇为自相矛盾的是，实践的历史却是历史写作中受社会理论与文化理论影响最大的领域之一。诺伯特·埃利亚斯的著作关注餐桌礼仪的历史一度被看成一种怪诞的行为，但从实践的角度来看，这类研究现在已是主流。布尔迪厄有关区隔的著作引发了许多消费史著作的出版；与此同时，福柯提出的有关规训社会的思想认为，新的实践之所以被采纳是为了确保顺从，而这一思想现在也被其他国家的学者接纳。

61

例如，蒂莫西·米切尔(Timothy Mitchell)的著作《殖民埃及》(*Colonising Egypt*, 1988)在叙述19世纪殖民主义给埃及的文化造成的后果时，就汲取了福柯和另一位法国理论家德里达的思想。米切尔从福柯那里学会了讨论欧洲的“凝视”，学会了在完全不同的领域里——例如军队和教育领域中，寻找类似的发展，着重讨论了规训在这两个领域中的重要性。他还从德里达那里学会了把意义视作“表达差异”的思想，在其中一章里着重地讨论了印刷术大约从1800年引进埃及后对写作实践产生的影响。

语言史，尤其是言语史(history of speech)，是有关实践的文化史正在拓殖的另一个领域；更准确地说，文化史学家开始与社会语言学家达成了共识，因为后者已经意识到在语言研究中需要历史的维度。“礼貌”已经成为吸引文化史学家注意的言语领域，而“粗鲁冒犯”这一领域吸引了更多的文化史学家。[14]

---

[14] Peter Burke and Roy Porter (eds.), *The Social History of Language* (Cambridge, 1987).

宗教实践长期以来一直受到宗教史学家的关注，但有关沉思和（印度教徒、佛教徒、基督教徒或穆斯林教徒）朝圣的著作数量不断增加，这说明他们的研究重点发生了变化。比如说，卢尔德[15]的朝圣，在鲁思·哈里斯（Ruth Harris）的著作中已经被重新置于政治背景下，认为它是对法国在普法战争中的失败做出的反应，是一种开始于19世纪70年代的全国性的苦行赎罪运动。在维克多·特纳等一些人类学家的影响下，朝圣已经被当作入会仪式或阈限现象来进行研究。朝圣活动的参与者被视为悬置在他们日常生活的世界以及向往的世界之间，暂时抛弃了自己正常的社会角色与地位而融入了朝圣的团体。[16]

旅游史（travel history）则为已经走向兴旺的实践历史学提供了另一个例证，其标志是《旅行研究杂志》（*Journal of Travel Research*）等专业性刊物的创刊，并且有越来越多的专论和文集发表、出版。其中一些著作专门研究了旅行的艺术和方法，以及相关的游戏规则。从16世纪末开始，以此为主题的专论开始在欧洲发表，例如向读者提供如何在教堂和墓地拓印铭文的建议，如何研究他们所参观的地方政府的管理方式以及当地的行为举止和习俗。[17]

62

实践的历史还对文艺复兴等这样一些比较传统的文化史研究领域产生了影响。例如，人文主义过去是根据信仰“人的尊严”等人文主义者的核心思想来加以定义，而现在更倾向于依据一系列活动来定义人文主义，例如拓制铭文，试图仿照西塞罗的风格说话或写作，把被历代

---

〔15〕 卢尔德（Lourdes），法国西南部城市。——译注

〔16〕 Ruth Harris, *Lourdes: Body and Spirit in a Secular Age*(1999); Victor Turner and Edith Turner, *Image and Pilgrimage in Western Culture*(Oxford, 1978).

〔17〕 Jaś Elsner and Joan-Pau Rubiès (eds.), *Voyages and Visions: Towards a Cultural History of Travel*(1999).

抄写员造成的伪文从经典文本中清除干净，或是收藏古钱币。

收藏史作为实践历史学的形式之一，吸引了艺术史学家、科学史学家以及美术馆和博物馆的工作人员。《收藏史杂志》(*The Journal of the History of Collection*)创刊于1989年。在这些年里，一批重要著作出版，研究“珍品馆”、博物馆和美术馆，重点集中于人们所说的“收藏文化”上。学者们研究了收藏品(钱币、贝壳等等)、收藏的哲学或心理学、收藏组织、收藏品的基本分类(作为此类实践的基础理论)，最后还研究了通过哪些途径才能获得收藏品。这些收藏品在法国革命以前通常都是私藏品，但从那以后，越来越多的收藏品为国家所有。[18]

如果要找出这个领域中的个案研究，正如柯律格(Craig Clunas)在他的著作《长物志》(*Superfluous Things*, 1991)中说的，最好暂时把西方放在一边，先去看一看明代的中国。该书的题目来自于中国17世纪初的一位士大夫文震亨写的《长物志》。该书题目中“长”这个形容词的要点是，它是一个标志，表明这个人的购买能力超过了购置日常生活必需品；换句话说，就是表明他属于社会上层的“有闲阶级”。文震亨的著作属于中国传统的鉴赏类书籍，其中讨论的主题包括如何鉴别古董的真假，怎样免俗(以饰有木刻龙纹的桌子为典型)。柯律格汲取了布尔迪厄的观点，认为“书中喋喋不休地议论物品的差异，恰恰是为了议论作为该物品的消费者的人之间的差异”，尤其是士大夫学者与暴发户之间的差异。

63

科学史朝着日常生活实践史方向的转变更加明显。科学史以前被看作思想史的一种形式，但现在更加关注于科学实验之类的活动的意义。其注意力从伟大的个别人物以及他们的伟大思想转向托马斯·库

---

〔18〕 Jaś Elsner and Roger Cardinal(eds.), *The Cultures of Collecting*(1994).

恩所说的"常规科学"中方法的变化,并让制造科学仪器的工匠和实际上操作实验的实验室助手在科学史中找到了自己应有的地位。[19]

阅读史

在实践史学中,最受欢迎的一种形式是阅读史。对阅读史的界定出于两方面:一方面是与写作史相比较,另一方面又是与过去的"书籍史"(书籍商业史、书刊检查史等)相比较。米歇尔·德·塞尔托(Michel de Certeau)的文化理论奠定了阅读史的新重点:研究读者的角色,研究阅读习惯的变化,研究印刷的"文化用途"。罗歇·夏蒂埃等阅读史学家最初与某些文学批评家沿着平行的轨迹展开研究,后者主要研究文学作品的"接受"问题。几年以后,这两类学者对对方都有一定的了解。[20]

有关个别读者对文本的反应,可以通过他在书页空白处写下的批注和文中的下划线来进行研究,也可以用金兹堡研究梅诺奇奥的那种方法,即通过对宗教裁判所的审讯的回答来进行研究(对此,上文已经做过讨论)。总而言之,读者的反应已经成为一个普遍的被探索的主题。例如,让-雅克·卢梭出版了小说《新爱洛绮斯》(*La Nouvelle Héloise*)以后,有许多读者写信给他。罗伯特·达恩顿对这些信件进行了研究。在这个早期的事例中,书迷们的来信处处提到他们读了这本

---

[19] Steven Shapin and Simon Schaffer, *Leviathan and the Air-pump*(Princeton, 1985).

[20] Roger Chartier, *The Cultural Uses of Print in Early Modern France* (Princeton, 1987); Guglinelmo Cavallo and Roger Chartier(eds.), *A History of Readinng in the West*(1995; English trans. Cambridge, 1999); Hans-Robert Jauss, *Towards an Aesthetic of Reception*(1974; English trans. Minneapolis, 1982); Wolfgang Iser, *The Act of Reading*(1976; English trans. 1978).

小说后，不禁潸然泪下。

64 还有一本书讨论了女性读者以及她们的阅读趣味。约翰·布鲁尔(John Brewer)对18世纪一位名叫安娜·玛格丽塔·拉蓬(Anna Margaretta Larpent)的英国妇女写的多达17本的日记做过分析，注意到“她偏爱女性作家和以女性为主人公的作品”。一直有人主张，礼仪风俗史和“以社会为研究对象的历史”(history of society)的兴起(其中包括妇女史在18世纪的兴起)抵消了政治史和军事史，其中的部分原因，可以说是对日见增强的女性化读者群体做出的反应。

在西方的阅读史研究中，目前引起人们兴趣或争论的主要话题包括关于阅读的三个明显的变化或转变：从朗读转向默读，从在公众场合阅读转向私下阅读，从慢读或精读转向快读或“浏览”，亦即所谓的18世纪的“阅读革命”。

随着书籍数量的不断增加，任何个人的阅读量都只不过是书籍总量的一小部分，由此可以做出这样的推论：读者发明了他们的新对策，不再从头到尾地读每本书，而是使用浏览、跳读、查阅目录或查阅索引的方法来获得书中的信息。如果强调这是个突然的变化，或许有些夸大，更大的可能则是，读者会根据书籍或场合的不同而采取其中的某种阅读方式。[21]

然而，有一本极富原创性的著作指出，1800年前后是阅读史上的分水岭，至少在德国如此。这本著作在讨论了许多主题的同时，还考察了照明、家具和人们在白天时间的安排上(比过去更清楚地把一天的

---

〔21〕 Robert Darnton, ‘Readers Respond to Rousseau’, in his *Great Cat Massacre* (New York, 1984), 215-56; James Raven, Helen Small and Naomi Talmor (eds.), *The Practice and Representation of Reading in England* (Cambridge, 1996)，布鲁尔的文章载于该书第226—245页。

时间划分为劳动时间和闲暇时间)发生的变化;同时还考察了更加入神的阅读方式的出现,特别是在阅读小说的时候。[22]

研究东亚和20世纪的史学家也转向研究阅读史。他们研究了20世纪90年代市场经济在俄罗斯的兴起对出版制度的冲击,这之前的出版体系是以共产党组织为基础而建构的。他们还用这种方法研究了中国和日本的"书籍文化",包括书写系统、文学类别和阅读习惯,这些都与西方有很大不同。

65 一项对中国晚清书籍和士大夫文化的研究,讨论了书籍的传播以及传播的失败,其中引用了这样一句格言:"借书一痴,还书一痴。"另一项研究是关于日本的。作者在研究中强调了日本近代早期发生的"一次悄悄的知识革命",他认为,这要归功于多种多样的参考书,诸如地名词典、百科全书和传记,它们传播了信息,为民族意识的提升做出了贡献。[23]

三 表 象

有一次,福柯批评历史学家,说他们"现实观极其贫瘠",没有给想

---

〔22〕 Erich Schön, *Der Verlust der Sinnliichkeit oder Die Verwanglungen des Lesers: Mentalitätswandel um 1800*(Stuttgart, 1987).

〔23〕 Stephen Lovell, *The Russian Reading Revolution: Print Culture in the Soviet and Post-Soviet Eras*(*Basingstoke*,2000);*Peter Kornicki*, *The Book in Japan: A Cultural History from the beginning to the Nineteenth Century*(Leiden,1998);Cynthia Brokaw and Kai-Wing Chow(eds.), *Print and Book Culture in Late Imperial China*(Berkeley,2005);Joseph McDermott, *A Social History of the Chinese Book: Books and Literati Culture in Late Imperial China*(Hong Kong,2006); Mary Elizabeth Berry, *Japan in Print: Information and Nation in the Early Modern Period*(Berkeley,2006); Peter Burke and Joseph P. McDermott, *The Book Worlds of East Asia and Europe, 1450-1850: Connections and Comparisons*(Hong Kong, 2015).

象的东西留下一丁点儿空间。法国的一些著名历史学家对这一挑衅做出了回应，代表这种类型的史学著作有一个著名的例子，那就是乔治·杜比的著作《三个等级》(*The Three Orders*, 1978)。该书研究了著名的关于中世纪的社会想象得以兴起的社会环境，亦即想象社会是由"三个等级"组成的：祈祷的等级、作战的等级和劳作(或耕作)的等级；换一种说法，就是由教士、贵族和"第三等级"组成的社会。杜比在表现这种社会想象时并非将它简单地看作中世纪社会结构的反映，而是把它看作一种力量的表象，这种力量试图去改变呈现出来的那个现实。

对法国人所称的社会想象(l'imaginaiaire social，换句话说，可以是被想象的任何东西，但不能是纯粹的想象)的历史学做出的另一大贡献，是雅克·勒高夫的著作《炼狱的诞生》(*Birth of Purgatory*, 1981)。勒高夫在解释中世纪炼狱观的兴起时，将它与时空观的变化相联系。勒高夫属于20世纪70年代初倡导梦境史的学者之一，当时他们已经受到了社会学家和人类学家对梦境的研究的启发。[24] 由于人们开始关注想象的积极作用，有关幻觉和幽灵的研究也受到了鼓励，强调把绘画、故事和礼仪中的各种要素创造性地结合起来。[25]

相反，"想象的历史学"(history of imagination)一词在英语中却尚未形成，尽管本尼迪克特·安德森(Benedict Anderson)于1983年已经成功地出版了一本著作，将民族视作"想象的共同体"(下文将会讨

66

---

〔24〕 Jaques Le Goff, 'Dreams in the Culture and Collective Psychology of Medieval West' (1971; English trans., in his *Time, Work and Culture in the Middle Ages*, Chicago, 1980), 201-4.

〔25〕 William A. Christian, Jr, *Apparitions in Late Medieval and Renaissance Spain* (Princeton, 1981); Jean-Claude Schimitt, *Ghosts* (1994; English trans., 1998).

论）。在英语当中更为流行的术语是“表象的历史学”（history of representations）。

如此之多的表象形式，无论是文学的、视觉的，还是精神的表象形式，都被列为研究的对象。如果把过去二三十年间出版的相关著作列出来，仅这一份书目清单就可能会把本节扩充成一章的篇幅。其中有表达自然的历史学，例如基思·托马斯的著作《人类与自然世界》（1983），用图表说明了1500年到1800年间英国人对自然的态度的变化，并强调这是一场“革命”，取消了人类在自然世界的中心地位，热爱动物、热爱野生自然的风尚开始兴起。

此外，还有社会结构的表象史，例如杜比写的有关三个等级的著作；有劳工的表象史，其中包括了女工；有女神、娼妓、母亲和女巫等女性的表象史；有“他者”（非犹太人将犹太人，黑人将白人视为“他者”等）的表象史。在20世纪80年代出版的有关天主教的历史著作中，圣徒的形象，无论是用文字还是用画像表达的，都成为人们兴趣的焦点。正如一位较早从事这一主题研究的学者所说：“也许，神圣不同于社会生活中的其他任何东西，仅存在于信仰者的眼中。”[26]

《表象》（*Representations*）是1983年创刊于伯克利加州大学的一份跨学科杂志。该杂志刊登的第一批稿件，有格林布拉特研究16世纪德国农民画像的论文，艺术史学家斯维特兰娜·阿尔珀斯（Svetlana Alpers）研究福柯解读委拉斯贵兹（Velázquez）绘画的论文，以及历史学家彼得·布朗（Peter Brown，研究圣徒）、托马斯·拉克尔（Thomas Laqueur，研究葬礼）、林恩·亨特（研究法国革命时期“表象的危机”）等学

〔26〕 Michael Gilsnan, 'How To Be a Counter-Reformation Saint', in *Historical Anthropology of Early Modern Italy*(Cambridge, 1987), 48-62, at p. 53.

者的论文。

在文学领域中，萨义德的《东方主义》所关注的其实就是所谓“他者”的表象，特别是表达西方人眼中的“东方”形象。再者，有关旅行史的著作经常集中讨论看待和描述陌生的文化时所使用的套式，讨论旅行者的“审视”，这种审视可以区别为帝国的审视、女性的审视、自然美景的审视以及其他类型的眼光。可以看出，有些旅行者在动身之前就事先阅读过有关国度的资料，因此他们一到目的地就看到了他们所期望的东西。

关于这一类刻板印象，还可以举出一个最生动的例子。17 和 18 世纪的外国旅行者对意大利的书面描述重复着有关那不勒斯的“流浪汉们”（Lazzaroni）的老生常谈，例如，穷人们百无聊赖地躺在阳光下。自希罗多德时代以来，旅行者用来表述他们在意大利所见所闻的惯用语句发生了天翻地覆的变化。例如，苏格兰的清教徒、索尔兹伯里主教吉尔伯特·伯纳特（Gilbert Burnet）曾于 17 世纪 80 年代前往意大利旅行。通过这次旅行，他把意大利视为一个充满迷信、专制、懒惰的天主教国家，换句话说，与之相对立的就是启蒙、自由、勤劳的新教国家，而他把这些归纳为英国的基本特征。

音乐中的东方主义

如果要给表象历史学找一个个案研究的成果，我们也许可以转向音乐学（musicology）。同样，在这样一个学科里，我们再次发现有些实践者把自己称作文化史学家。如果说萨义德的《东方学》是一位文学评论家在受到哲学家的启发后写出的著作，那么，一些音乐学家对这部著作做出反应的方式便提供了生动的事例，展现出跨学科的接触或“协商”（negotiations）在文化史这把大伞之下是如何进行的。

20世纪80年代,艺术史学家开始对萨义德的著作做出反应,音乐史学家的反应则略晚一些,开始于90年代。甚至连热衷于歌剧的萨义德本人,也迟迟地直到1993年才在这个领域做出自己的贡献,围绕着威尔第(Verdi)的歌剧《阿伊达》(*Alda*)展开了一次讨论。[27] 在这场讨论中,他指出这出歌剧巩固了西方人眼中的东方形象,把东方"基本上看作一个充满异域风情、遥远而又古老的地方,欧洲人在那里可以获得展示力量的舞台"[28]。

最近出版的两本著作表明了这项研究的复杂性,从而把萨义德的这一论点向前推进了一步。其中,一本是拉尔夫·洛克(Ralph Locke)的著作,是对圣-桑(Saint-Saëns)的作品《参孙与大利拉》(*Samson et Dalila*)进行的研究。他指出,《圣经》中的世界可以等同于19世纪的中东,从而使得这位作曲家能用地方色彩来渲染自己的歌剧,更确切地说,就是表达了当地的声音。圣-桑以惯常的方式把"他者",尤其是大利拉这位女性的他者表现为一个既让人害怕又富有诱惑力的人,[29]但他还是为她谱写了一大段浪漫的咏叹调,从而推翻了"这出歌剧的情节中具有显著的东方主义二元试特征的"的结论。[30]

---

〔27〕 威尔第(Gluseppe Verdi,1813—1901),意大利作曲家,《阿伊达》是他于1871年所作的歌剧。——译注

〔28〕 Linda Nochlin, 'The Imaginary Orient' (1983; repr. in her *Politics of Vision*, New York, 1989, 33-59); James Thompson, *The East Imagined, Experienced, Remembered: Orientalist 19th-Century Painting* (Dublin and Liverpool, 1988); Edward Said, *Culture and Imperialism* (1993), 134-57.

〔29〕 大利拉是非利士人,参孙的情妇,但她背信弃义,将参孙出卖给了非利士人,见《圣经·士师记》第16节。——译注

〔30〕 Ralph P. Locke, 'Constructing the Oriental "Other": Saint-Saıns's *Samson et Dalila*', *Cambridge Opera Journal* (3, 1991), 261-303.

68 还有一本著作是理查德·塔鲁什金(Richard Taruskin)对19世纪俄国音乐中的东方主义进行的研究,揭示了一个悖论。异域音乐的感染力,例如鲍罗廷(Borodin)[31]的《在中亚的大草原上》(*In the Steppes of Central Asia*)或者穆索尔斯基(Mussorgsky)的《波斯女奴之舞》(*Dances of the Persian Slave Girls*)[32],都呈现了俄国人与东方人之间(男女之间,主奴之间)的二元对立。但是,当佳吉列夫(Diaghilev)将其中一些音乐带到巴黎时,[33]法国的听众却将这些东方的声音当作典型的俄罗斯的声音。[34]

记忆史

尽享其盛况的另一种形式的新文化史是记忆史,有时也被称为"社会记忆"或"文化记忆"。对这一主题的学术兴趣由1984—1993年期间由法国学者兼出版商皮埃尔·诺拉(Pierre Nora)主编的七卷本著作《记忆的场所》(*Le Lieux de mémoire*)所揭示和激发。这套著作讨论的内容是法国的"民族记忆"。这种记忆保持并重塑了像拉鲁斯[35]编纂的百科全书等书籍,像万神殿等建筑,以及像每年7月14日对攻占

---

〔31〕 鲍罗廷(Aleksandr Porfirevich Borodin,1833—1887),俄国作曲家。——译注

〔32〕 穆索尔斯基(Modest Petrovich Mussorgsky, 1839—1881),俄国作曲家。——译注

〔33〕 佳吉列夫(Sergei Paviovich Diaghilev,1872—1929),俄国戏剧家和艺术活动家。——译注

〔34〕 Richard Taruskin, 'Entoiling the Falconet: Russian Musical Orientalism in Context' (1992; repr. in Joathan Bellman ed., *The Exotic in Western Music*, Boston, 1998, 194-217).

〔35〕 拉鲁斯(Pierre Athanase Larousse,1817—1875),法国词典编纂家与语法学家。——译注

巴士底狱的周年纪念等活动。[36] 但相比之下,迄今为止所做的有关社会或文化的记忆或遗忘研究却少得多。这类主题更难以捕捉,但可以说它的重要性毫不逊色。[37]

与诺拉的著作相类似的并由集体写作的多卷本记忆史著作已在意大利、德国等其他国家出版。由于电影和电视节目的表现力比书籍更强,在公众当中产生了对历史记忆的极为浓厚的兴趣。这种不断增强的兴趣可能是对不断加速的社会和文化变化做出的反应。这样的变化速度威胁到了对今天与过去的区别的认同。更具体地说,对纳粹大屠杀和二战记忆的兴趣上升之时,也就是这些造成心理创伤的事件淡出我们的鲜活记忆之时。

像旅行史一样,记忆史这一领域也可以非常清楚地揭示图式或套式的重要性,尽管心理学家弗雷德里克·巴特列特(Frederick Bartlett)的著作《记忆》(*Remembering*,1932)对这一重要性已经做出奠基性的论述。事件过去以后就丧失了某些独特性,如果把它们详细地叙述出来,并且是在不经意之间进行叙述,这些事件便会被纳入某个文化所流行的总图式中,而这些图式有助于记忆长期保留下来,且不致遭到扭曲。 69

例如,这里可以举一本有关法国南部新教徒的著作为例子。这本书的作者菲利普·茹塔特(Philippe Joutard)是历史学家,他本人也是

---

〔36〕 有关最新著作的综述,请参阅 Kerwin L. Klein, 'On the Emergence of Memory in Historical Discourse', *Representations*(69, 2000), 127-50; Geoffrey Cubitt, History and Memory(Manchester, 2007)。诺拉的著作有缩编的英译本,书名为《记忆的领域》(*Realms of Memory*, 3 vols, New York, 1996-8)。

〔37〕 Y. H. Yerushalmi et al., *Usages de l'oubli*(Paris, 1988); Stephen Bertman, *Cultural Amnesia: America's Future and the Crisis of Memory*(Westport, CT, 2000); Colette Wilson, *Paris and the Commune: The Politics of Forgetting*(Manchester, 2007).

一名新教徒。茹塔特在书中证明，在深受《圣经》浸润的文化中，如何将天主教迫害新教共同体的记忆与《圣经》中上帝的选民受迫害的故事混同起来，甚至根据这一模式来形成记忆。这类故事的叙述非常详细，例如说凡门前做上了记号，里面的居民将被屠杀。读者一边读着茹塔特的描述，一边不禁回忆起纳粹对犹太人的大屠杀，甚至连这场造成心理创伤的事件也是靠《圣经》的框架来记忆，因为"大屠杀"（the Holocaust）一词的意思就是"焚烧祭品"（因加·克兰狄能［Inga Clendinnen］撰写了一篇从文化视角出发讨论大屠杀的见解独到的论文）。[38]

英国对一战期间战壕中的苦难经历的记忆也依据约翰·班扬的《天路历程》的回忆来塑造。在那个年代，《天路历程》是人们广泛阅读的一本书。正像美国批评家保罗·福瑟尔（Paul Fussel）所说的那样，"当时前线的经历似乎随时都可以用来解释《天路历程》中描写的行动，它们之间极其相像，比如战壕里的烂泥就像书中所说的'绝望的深渊'。相反，对'二战'的记忆则依靠对'一战'的了解来塑造。"[39]

以上这些例子说明了书籍对记忆形成过程的影响，其中包括在人群中被大声朗读的书籍所产生的影响，但这些只是最突出的例子。记忆当然不是仅靠阅读来传播或形成的。今天的爱尔兰，无论是其南部还是北部，都以关于过去事件的记忆的影响力而闻名，甚至有人会说爱尔兰因此而恶名昭著。这些记忆因内战造成的创伤而强化，德罗赫达和德里等一些地名勾起了人们对内战的记忆，奥伦治会（Orange Order）各种组织和希伯尼安古修会（Ancient Order of Hibernians）每年举行的

---

〔38〕 Philippe Joutard, *La Légende des Camisards*（Paris, 1977）; Inga Clendinnen, *Reading the Holocaust*（*Cambridge*, 1999）.

〔39〕 Paul Fussell, *The Great War and Modern Memory*（Oxford, 1975）, 137, 317.

游行活动也是内战记忆的重演。在贝尔法斯特,连墙上的涂鸦也随时在提醒过往的行人:“记住1690年。”

吉尔兹所说的“他们说给自己听的有关他们自己的故事”如果放在爱尔兰的这一背景下,似乎就出现了问题。天主教徒和新教徒各自的叙事并不相同。依据所谓的“突发性取消纪念活动(de-commemoration)的既定传统”,人们一边建造塑像,又一边推倒塑像。对冲突的记忆也是记忆的冲突。[40] 70

吉尔兹的论断适用于每种宗教团体,但同时也必然会提出一个重大的社会问题:“我们所讨论的究竟是哪些人的记忆?”男人与女人,老一代与年轻一代,他们记忆过去的方式也会各不相同。在某个特定的文化中,某个群体的记忆可能会占据统治地位,而另一些群体的记忆则处于从属地位,就像内战的胜利者与失败者的记忆那样。1918年的芬兰或1936—1939年的西班牙都有这样的例子。

四 物质文化

文化史学家在传统上一直比较重视思想,而对物质文化不够关注,将关于物质的研究领域让给了经济史学家。在诺伯特·埃利亚斯写的那本有关文明进程的著作中,他用了专门的一章来讨论餐刀和餐叉的历史,还有一章专门研究餐巾的历史,这种做法在当时是很不寻常的。在他们看来,经济史学家只关注营养水平,或个人收入在不同商品上的花费,往往忽视了饮食、服饰和小木屋的符号性方面。即使是费尔南·布罗代尔写的研究近代早期的名著《文明与资本主义》(*Civilisation and*

---

〔40〕 Ian McBride(ed.), *History and the Memory of Modern Ireland*(Cambridge, 2001).

Capitalism, 1979）,或者用他自己喜欢的说法,叫作“物质文明”（civilization matérielle）,尽管对不同文化区域之间各种历史运动过程所做的比较性分析非常重要,但也应当受到同样的批评,而且实际上已经受到了这样的批评。

即便如此,有一些文化史学家在20世纪80年代和90年代依然转向了物质文化的研究。于是,他们发现自己与考古学家、博物馆馆员和长期以来以服饰、家具等为研究领域的专家发生了联系。比如说,宗教史学家开始把更多的注意力集中在教堂装饰的变化上,以此来说明宗教态度的变化。20世纪60年代,英国社会史学家阿萨·布里格斯（Asa Briggs）写了《维多利亚时代的人民》（*Victorian People*）与《维多利亚时代的城市》（*Victorian Cities*）;1988年,他的另一本著作《维多利亚时代的物品》（*Victorian Things*）出版,标志着他转向文化史,虽然这本书的写作计划是他很久以前拟就好的。

71 甚至连文学史家也转向了这一方向,他们开始研究涂鸦,将十四行诗比作充当爱情信物的小画片。与此同时,新西兰人唐纳德·麦肯齐（Donald McKenzie）在《目录学与文本社会学》（*Bibliography and the Sociology of Texts*, 1986）中将目录学重新定义为文化史的一种形式,强调需要研究“书籍的物质形态”和“印刷技术与版式设计的细节”。他还指出,即使是其中没有文字的部分,包括书籍中“空白页的设计”,也载有某种意义。尽管剧场语言也是麦肯奇的兴趣之所在,但我们也许可以这样说,印刷页面的式样所起到的功能是向读者提供一系列线索,引导他们用这种方式而不是别的方式对文本做出解释。同样的观点也可以应用到手稿上。意大利古文字学家阿曼多·彼得鲁奇（Amando Pe-

trucci)就是运用这样的观点来研究中世纪手稿的。[41]

物质文化史的大部分著作都强调了这个主题的经典三重奏,即食品、服饰、住宅,往往集中讨论消费的历史。从走向来看,有一种从消费的社会史到更偏向文化史的变化,前者的重心放在人们如何致力于展示或是获取地位,后者则更强调通过刺激消费欲望的广告而显示的人们的认同与想象。非常明显,今天对"消费文化"的研究与历史上对消费的兴趣两者之间有着密切的关系。总的说来,这一领域的历史学家充分认识到了时代错置可能带来的危险。[42]

饮食史的代表作是美国人类学家西敏司(Sidney Mintz)的专著《甜与权力:糖在近代历史上》(*Sweetness and Power: The Place of Sugar in Modern History*,1985)。西敏司所写的历史既是社会史,又是文化史。它之所以是社会史,是因为关注了消费者和食糖。食糖过去是供富人使用的奢侈品,后来转变为普通民众日常生活中必需的大宗消费品,不管喝咖啡还是喝茶,都要放糖。另一方面,《甜与权力》又是一本文化史著作,关注食糖的符号意义。食糖是标志权力的符号,在作为富人的奢侈品时比较大,把食糖的消费者与广大民众区别开来;而当食糖作为一种商品沿着社会阶梯逐层下降时,被赋予了新的意义,并被纳入新的社会礼仪之中。

法国历史学家丹尼尔·罗什之所以在他的著作《服饰文化》(*The*

---

〔41〕 Armando Petrucci, *La scrittura: ideologia e rappresentazione*(Turin, 1986).

〔42〕 István G. Tóth, *Literacy and Written Record in Early Modern Central Europe*(Budapest, 2000); Colin Campbell, *The Romantic Ethic and the Spirit of Modern Consumerism*(Oxford, 1987); Maxine Berg, *Luxury and Pleasure in Eighteenth-Century Britain*(Oxford, 2005); Paolo Capuzzo, *Culture del Consumo*(Bologna, 2006); Frank Trentmann, 'Three Cultures of Consumption', *Empire of Things*(London, 2016), 21-77.

Culture of Clothing, 1989）中转向服装史的研究，理由是它“向我们叙述了有关文明的大量信息”。服装的代码揭示了文化的代码，罗什说：72 “我敢肯定，你在衣着的背后确实可以看到心态结构。”比如说，在 18 世纪的法国，某个人符合特定的衣着服装代码，这可以用来表明他或她是一名贵族，或者是一名希望跻身贵族行列的人。选择服装实际上就是选择在历史学家所说的那个时代的“服装舞台”上扮演什么角色。罗什进一步将“服装革命”与法国革命联系起来，将它看作“自由、平等与轻薄”兴起的标志。他非常认真地对待“轻薄”，因为 18 世纪后期的女性杂志开始关注服装，这意味着时装“不再是特权人物的领地”。[43]

至于居住史，我们可以来看这样一个个案研究，即瑞典人类学家奥维·洛夫格伦（Orvar Löfgren）的著作《文化建设者》（*Culture Builders*, 1979；中译本《美好生活：中产阶级生活史》）。这是一本有关 19 世纪瑞典布尔乔亚住宅的历史著作，书中将斯堪的纳维亚人种学的传统观点与埃利亚斯和福柯的观点相结合。洛夫格伦和他的合著者乔纳斯·弗莱克曼（Jonas Frykman）所接受的都是那种传统的教育。他们在《文化建设者》一书中提出，19 世纪后期发生了从“节俭”向“富足”的转变，而这一转变发生的原因是住宅“变成了一个家庭炫耀财富和展示社会地位的舞台”。室内的家具和装潢，尤其是客厅，有助于家庭向来访的客人炫耀自我。读者如果观看过英格丽·褒曼（Ingrid Bergman）[44] 主演的影片《芬尼与亚历山大》（*Fanny and Alexander*, 1982），

---

〔43〕 Pallares-Burke, *The New History: Confessions and Conversations*, 116-19.

〔44〕 英格丽·褒曼（1915—1983），瑞典著名女电影演员，曾两次获奥斯卡最佳女演员奖，一次获奥斯卡最佳女配角奖。——译注

也许还能记住1900年前后埃克达尔一家在乌普萨拉[45]的那所住宅的样子，而且一眼就可以看出那种炫富的形式。在当时的英国、法国、中欧以及其他地方都有类似的形式。

然而，在瑞典人所称的"奥斯卡时代"（Oscar Period，1880—1910），布尔乔亚的居所不仅仅是个舞台，也是"避风港"，可以躲避外面那个越来越缺少人情的社会。因此，私人房间，如卧室和保育室，变得日益重要，居所内的私人空间和公共空间的划分也变得越来越清楚。

这里提到的居所的空间划分值得引起注意。把空间归入"物质文化"乍看起来显得有些自相矛盾，但文化史学家像他们之前的建筑史学家和历史地理学家一样，正在开始读解城市或居所的"文本"中字里行间的含义。如果不研究市场和广场，城市史显然是不完整的。同样，如果不研究居所内部空间的用途，居所史也是不完整的。

73

本章在前面讨论的那些理论家，从哈贝马斯到福柯，前者将咖啡馆当作政治讨论的场所来研究，后者把学校和监狱的设计当作推动规训的手段来研究，已经把历史学家的注意力引向了空间的重要性，其中包括宗教场所和世俗场所的空间，公众的和私人的空间，男性的和女性的空间，等等。

现在，科学史家开始关注起实验室或解剖室里的空间，帝国史学家开始研究印度式的兵营和平房的设计，艺术史家把美术馆和博物馆既当作一种机构也当作空间来考察，戏剧史学家开始研究剧院的设计，音乐史学家则开始考察歌剧院和音乐厅的设计，阅读史学家对图书馆的布局也给予了注意。

---

〔45〕　乌普萨拉（Uppsala），瑞典东南部城市。——译注

五 身体史

如果说新文化史里面有这样一个领域，在半个世纪以前，也就是1970年，还似乎是几乎不可想象的话，那么，这个领域就是身体史（history of body）。[46] 在几十年以前，这个领域有过一些数量极少的成就，要么无人知晓，要么被视为难登大雅之堂的著作。

例如，自20世纪30年代以来，巴西社会学家与历史学家吉尔贝托·弗雷尔（Gilberto Freyre）依据19世纪报纸上通缉、追捕逃亡奴隶的信息来研究奴隶的身体形态。他提到，奴隶的身体上往往有部落的徽记，因此可以得知他们来自非洲的什么地方。他们身上还有反复遭受鞭打留下的疤痕，劳动时留下的痕迹，例如男奴隶因用头顶重物而造成头发脱落。此外，在1972年，伊曼纽尔·勒华拉杜里和两位合作者出版的专著，利用军事档案研究了19世纪法国应征士兵的身体状况。例如，他们注意到来自北方的士兵个子比较高，而来自南方的则个子比较矮。几乎可以肯定地说，这种身高的差异是因为营养水平的差别造成的。[47]

74 另一方面，20世纪80年代开始出现了一股不断增强的学术潮流，着重研究男性和女性的身体，也把身体当作经历和符号来加以研究。人们研究了被肢解的身体，食欲不振的身体，运动员的身体，被切割的

---

〔46〕 Roy Porter, 'History of the Body Reconsidered', in Peter Burke (ed.), *New Perspectives of Historical Writing* (1991; 2nd edn. Cambridge, 2001), 233-60.

〔47〕 G. Freyer, *O escravo nos anúncios de jornais brasileiros do século xix* (Recife, 1963); Jean-Pierre Aron, Pierre Dumond and Emmannel Le Roy Ladurie, *Anthropologie du conscript français* (The Hague, 1972).

身体,以及圣徒和罪犯的身体。1995 年,《身体与社会》(*Body and Society*)杂志创刊,为社会学家和历史学家提供了一个论坛。有些著作专门研究了身体洁癖的历史,舞蹈的历史,身体训练的历史,纹身的历史,以及身体姿态的历史。身体史最早是从医疗史中发展出来的,但艺术史学家、文学史学家,还有人类学家与社会学家也逐步加入了这场“身体转向”。如果不是前面已经出现了那么多“转向”的话,读者也许会被这个术语弄得晕头晕脑,不知所云。

一些新著的出版完全可以说是为了给历史学家争夺地盘,姿态史就是其中突出的例子。法国中世纪研究专家雅克·勒高夫开拓了这一主题;来自世界各地的一批学者,从古典学家到艺术史学家等,都为这项研究做出了贡献,尤其是勒高夫以前的学生让-克劳德·施米特(Jean-Claude Schmitt),他专门写了一本著作研究中世纪的各种姿势。施米特指出,早在 12 世纪,人们就已经对这一主题产生了越来越浓厚的兴趣,因此给后人留下了大量的文本和画像,从而使我们得以还原宗教的姿势,例如祈祷和分封时的姿势,包括赐封骑士或向封主表示效忠的姿势。他论证说,人们在祈祷时把两手交叉在胸前(而不是将两臂向前平伸),还有跪下来祈祷,这些其实是把封建制中向封主表示效忠的姿势,即跪在封主面前,将自己的双手放在封主手中的姿势转变为宗教的姿势。[48]

俄国史上的一个例子可以说明,在历史研究中注意表面上的细小

〔48〕 Jan Bremmer and Herman Roodenburg(ed.), *The Cultural History of Gesture*(Cambridge, 1991); Herman Roodenburg, *The Eloquence of the Body: Perspectives on Gesture in the Dutch Republic*(Zwolle, 2004); Jean-Claude Schmitt, *La Raison des gestes dans l'occident medieval*(Paris, 1990).

差异是非常重要的。1667 年，俄罗斯的东正教分裂成两派。当时在莫斯科举行了一次宗教大会来支持最近的革新，并将传统的支持者即后来被称作旧礼仪派的那些人开除出教。[49] 在这次宗教大会上有一个辩论的焦点，即在胸前做出画十字的手势时，是用两根还是三根手指。不难想象，后来的理性主义历史学家把这看作宗教或迷信思想的典型事例。按照他们的说法，这场辩论远远脱离了实际生活，把重大问题与微不足道的小事混为一谈。然而，正是这个微不足道的手势，意味着一次重大的选择——用三根手指画十字意味着追随希腊正教，而用两根手指则意味着维护俄罗斯的传统。在这里，我们不妨再一次引用布尔迪厄的话："社会认同存在于细小的差异之中。"

75

有关身体史的其他著作也对传统假设提出了挑战。例如，彼得·布朗的《身体与社会》(*The Body and Society*, 1988) 推翻了人们通常认为的基督教徒仇视肉体的看法。前面讨论过的卡罗琳·拜纳姆的著作《神圣的宴席与神圣的斋戒》(*Holy Feast and Holy Fast*, 1987) 也起到了同样的作用。它虽然是一本妇女史的著作，但同样重要的是，它还把身体及食品当作交流媒介来加以讨论。

作为这个领域的开拓者之一，罗伊·波特(Roy Porter) 指出，人们对这个主题的兴趣之所以迅速升温，无疑是受到艾滋病传播的推动，因为艾滋病让人们注意到了"现代身体的脆弱性"。对身体史的兴趣与对性别史(history of gender) 的兴趣同时兴起。然而，本章开头讨论的那些理论家对身体的看法表明了一种方向，要从渐进的趋势上对身体做出更深层次的说明。米哈伊尔·巴赫金在讨论中世纪的大众文化时

---

[49] 旧礼仪派，亦称老信徒派(Old Believers)，俄国东正教中反对改革的派别，多为低级教士，抵制莫斯科宗教会议，并脱离东正教会。——译注

详细叙述了奇形怪状的身体，尤其是作者所说的“身体质地较弱的社会阶层”。如果说诺伯特·埃利亚斯在他的自我控制的历史著作中，没有始终一贯地、明确地表现出对身体的关注，至少也是暗暗地给予了关注。

在米歇尔·福柯和皮埃尔·布尔迪厄的著作中，身体研究所依赖的哲学基础已经变得明显起来。像法国哲学家莫里斯·梅洛-庞蒂（Maurice Merleau-Ponty）一样，福柯和布尔迪厄都与自笛卡儿时代以来的传统发生了决裂，将身体与心灵相分离，就像英国哲学家吉尔伯特·赖尔（Gilbert Ryle）取笑他们时所说的，这是一种“机器中的幽灵”的思想。布尔迪厄提出“惯习”这一概念，目的就是为了在心灵和身体之间建起一座桥梁，避免将它们简单地对立起来。

文化史的革命？

在本章的叙述中，我一直试图让读者意识到，在新文化史这把大伞下进行的实践采用了各种各样的研究方法。文化史在过去的二三十年里取得的集体成就令人瞩目，如果从整体上来看，这一运动显得更为壮观。如果说它在方法上有什么创新的话，这当然是从创新一词的严格意义上讲的，那就是通过借助一些新概念，发现和探索了许多新的主题。 76

尽管如此，新文化史与过去的学术研究所保持的连续性也不应被忽视。新文化史是从我们在第三章讨论的历史人类学中发展起来的，其中有一些重要人物，如从娜塔莉·戴维斯、雅克·勒高夫到基思·托马斯，既属于历史人类学领域，同时又参与了新文化史运动。

此外，瑞士的建筑学家西格弗里德·吉丁（Sigfred Giedion）在一本有关物质文化研究的开拓性著作《机械掌控一切》（*Mechanization takes*

Command,1948)中指出,“在历史学家眼中,世界上根本没有平凡的事情”,因为“工具与目标都是从对待世界的根本态度中衍生出来的”。此外,“集体表象”(collective representation)一语早在一百多年前就被社会学家埃米尔·涂尔干(Emile Durkheim)所使用[50],接着又在20世纪20年代被历史学家马克·布洛赫所使用。本章中在好几处地方提到的对“图式”的兴趣,也可以追溯到阿比·瓦尔堡和恩斯特-罗伯特·库尔乌斯那里。

值得强调的是,布克哈特和赫伊津哈的一些著作中表现出来的倾向与之后出现的趋势相类似。瓦尔堡和赫伊津哈已经看到了人类学对所谓的“原始”民族的研究与古代史和中世纪史有一定的联系。克利福德·吉尔兹则是布克哈特的崇拜者,并在书中不时地引用他的著作。至于达恩顿,他告诉我们说,他在担任犯罪调查记者的那些年代曾经把布克哈特的《意大利文艺复兴时期的文化》夹藏在《花花公子》的书页中,以便在办公室里阅读。他说:“我至今依然认为这是我读过的最伟大的一本历史著作”。[51]

尽管这种连续性是显而易见的,但因此就否认文化史的理论和实践在上一代历史学家中发生了集体性的转变或转向还是很不容易。这些转变或许可以看作着重点的转移,而不是全新东西的出现,因此它是对传统的改造而不是一场革命。不过,大多数文化创新就是以这种方式发生的。

新文化史并不是没有遇到挑战。支撑它的基础理论不仅经常遭到传统的经验主义者的批判或拒绝,也遭到像爱德华·汤普森那样一些

---

〔50〕 埃米尔·涂尔干(1858—1917),法国社会学家。——译注

〔51〕 Pallares-Burke, *New History*, 163.

富有创新精神的历史学家的批判和拒绝。汤普森首次发表于 1978 年的那篇题为“理论的贫困”的文章，就对新文化史进行了批评。传统人类学有关文化是“具体的、有边界的信念和实践的范畴”的概念就受到了批评，批评者认为，多种文化是冲突的场所，只是“松散地被整合在一起”。[52]

77

新文化史赖以支撑的主要理论是有关现实的文化建构理论，这一理论更具争议。关于这个理论，我们将在后面一章加以讨论。

---

〔52〕 William Sewell, 'The concept(s) of Culture', in Victoria Nonnell and Lynn Hunt (eds.), *Beyond the Cultural Turn* (Berkley, 1999), 35-60.

第五章　从表象到建构

本书在前文曾经指出，问题在最终得到解决时又会引出它们自身的问题。例如，“表象”（representation）在新文化史里被当作核心概念。这一概念似乎包含着这样一种意思，认为图像和文本就是对社会现实的反映或摹仿。对于这样的含义，许多新文化史的实践者感到不悦。因此，将“表象”视为现实（包括知识的、领土的、社会阶层的、疾病的、时间的、认同的各种现实）的“建构”或“生产”来加以思考和讨论，逐渐成为一个普遍的现象。所以，文化建构的思想有什么价值，它的局限性是什么？这里有必要做一些详细的讨论。

罗歇·夏蒂埃引用过一句名言，把发生的这场转变称作“从文化的社会史到社会的文化史”（from the social history of culture to the cultural history of society）的转变。他的这一概括是用来描述20世纪80年代发生在部分历史学家身上的兴趣的“移位”，其中尤为引人注意的是脱离了“坚实”内涵的社会史，亦即那种对社会阶层这样一些社会结构进行研究的社会史。同时，“社会的文化史”（cultural history of society）这一概念反映出了哲学以及从社会学到科学史的其他学科中的“建构主义”运动对新文化史产生的影响。[1]

一　建构主义的兴起

首先向公认的有关客观知识的看法发起挑战的是哲学家和科学家。例如,阿尔伯特·爱因斯坦曾经断言,我们的理论决定了我们能够 79 观察到什么。对这一观点,卡尔·波普尔(Karl Popper)表示赞同,这在前文已提到。

德国哲学家叔本华(Arthur Schopenhauer)早已指出,“世界就是我的表象”(Die Welt ist meine Vorstellung),尼采(Freidrich Nietzsche)也认为真理不是被发现的,而是被创造的。尼采还把语言称作樊牢,而维特根斯坦(Lugwig Wittgenstein)则声称,“我的语言所及的范围就是我的世界所及的范围”。在美国哲学中,被称作实用主义的那场运动也走向了同一方向。例如,约翰·杜威(John Dewey)声称,是我们创造了现实,每一个个人都在自我与环境的碰撞中建构起他或她自己的世界。威廉·詹姆斯(William James)则主张,“头脑中的兴趣……有助于引发它们宣告的真理”。[2]

如果说历史学家们过去可以对尼采和维特根斯坦的观点不加理睬是正常的话,那么,他们现在再也无法回避语言与外部世界的关系的讨

---

〔1〕 最初,这种说法是夏蒂埃在一次学术会议上提出的,后来写进了他的论文,见 Chartier, 'Le Monde comme représentation', *Annales: economies, sociétés, civilizations* (44, 1989), 1505-20. Jan Golinski, *Making Natural Knowledge: Constructivism and the History of Science* (Cambridge, 1998); Ian Hacking, *The Social Construction of What?* (Cambridge, MA, 1999).

〔2〕 Richard Roety, *Philosophy and the Mirror of Nature* (Oxford, 1980).

论。在这一对关系中，世界曾经被说成是一种“反映”，而这种说法现在显然出现了问题。这面镜子已经被打破了，表象与被表象之物相“一致”的假设遭到了质疑。传统学者心目中的一个如此简单明了的假设开始受到了挑战。史料现在也似乎变得更加难以理解了，与我们过去对它的看法根本不一样。

饶有讽刺意味的是，在20世纪后期，社会解释应当向“建构主义”转向的主张并没有遭遇任何诘难。例如，“自下向上的历史学”的兴起，如爱德华·汤普森的著作《英国工人阶级的形成》，就包含了这样一种目标，要从普通人民的视角来呈现过去。殖民地时期的亚洲、非洲和美洲的历史研究的兴起也带有同样的趋势。这些研究与后殖民主义研究一同出现，往往把重点放在“被征服者的眼光”或“下层阶级”的观点上。[3] 女权主义历史学家也以同样的方式让妇女在历史中“明显可见”，还主张用女性的眼光来写过去的历史。因此，历史学家已经越来越认识到，不同的人会从不同的视角来看待“同一个”事件或结构。

正是在这样的背景下，文化史学家与社会史学家、人类学家及其他学者一道参与了一场在过去被看作纯哲学或纯科学的辩论。学者们是否建构了他们的研究对象，或者更确切地说，他们在多大程度上以及用什么方式建构了他们的研究对象？这个问题本身变成了被研究的重要对象。这个转变本身就是一个突出的典型，可以说明某些哲学家和社会学家所说的“现实的社会构建”。

80

例如，越来越多的心理学家把感知当作一个主动的过程来描述，不

〔3〕 Jim Sharpe, ‘History from Below’, in Burke, *New Perspectives*, 25-42; Nathan Wachtel, *Vision of the Vanquished: The Conquest of Peru through Indian Eyes* (1972; English trans. Cambridge, 1977).

再认为它仅仅是对感知对象的反映。语言学家在他们的文章中提出，认为语言仅仅是对社会现实的反映的说法，现在越来越少见了；相反，他们讨论得更多的是言语"行为"及其效应。社会学家、人类学家和历史学家们也比过去更频繁地谈论起种族的、阶级的、性别的、甚至社会本身的"发明"与"建构"。过去许多学者感觉自己受到了限制，感觉到社会决定论，以及感觉到由"坚实"的社会结构构成世界的那些地方，现在却表达出了一种几乎心旷神怡的感受，感觉到了自由、想象的力量，感觉到一个由"柔性"的、可延展的、流动的、甚或易脆的社会和文化形态构成的世界。于是，社会学家齐格蒙特·鲍曼（Zygmnut Bauman）给自己出版的著作冠以《流动的现代性》（*Liquid Modernity*, 2000）的书名。

重新引用米歇尔·德·塞尔托

一种颇有影响的表达"建构主义"立场的公式是米歇尔·福柯在《知识考古学》（*Archaeology of Knowledge*, 1969）一书中提出的。他将"话语"定义为实践，即"他们谈论的对象的系统建构（forment）"。这一定义反映了一种趋势的出现，而且在20世纪60年代已经被人们称作"语言学的转向"，之后这一术语被越来越普遍地使用。然而，建构主义者之间更多地相互了解还是得益于米歇尔·德·塞尔托几年后提出的文化理论。[4]

米歇尔·德·塞尔托几乎是位全面的学者，可以把他称作神学家、哲学家、心理分析学家、人类学家，同样也可以把他称作社会学家。但

---

〔4〕 有关塞尔托的著作，Jeremy Ahearne, *Michel de Certeau and its Other*（Cambridge, 1995）; Roger Chartier, *On the Edge of the Cliff*（Baltimore, 1997）.

是，他认为自己首先是位历史学家，并在神秘主义的历史、史学史和语言史方面做出了重要贡献。他在对17世纪发生在法国一个名叫卢顿（Loudun）的小镇上一群修女被魔鬼附体的著名事件的研究中，大量使用了我们在第三章所讨论的那种“戏剧类比”的方法，将这一事件说成 81 一个“奇观”和“魔鬼附体者的剧场”。他还写过一本关于法国革命时期语言政策的著作，在这个被以前的历史学家所忽视的主题上，证明了语言政策在政治和文化上的重要性。[5]

然而，对新文化史来说，塞尔托最有影响的作品却不是他的历史著作，而是他与别人合著完成的、研究20世纪70年代法国日常生活的著作。[6] 该书于1980年出版。过去的社会学家把他们研究的对象一般称作消费者、投票者和其他群体的“行为”（behaviour）。然而，与他们相反，塞尔托更喜欢把它们称作“实践”（pratique）。他所分析的实践是普通人的实践，像购物、在街头散步、摆放家具的方式，或看电视之类的日常实践。他宁可使用“实践”而不使用“行为”一词的原因之一，是要确保读者给予他所描写的人以应该得到的认真对待。

以前，在社会学家看来，普通人只是大众产品的被动消费者，例如他们是电视节目的被动观众。与此相反，塞尔托却强调了消费者的创造性。他把消费描述为一种生产形态，强调了每个人对摆放在商店里的大众产品所做的选择，强调他们对读到的东西或在电视屏幕上看到的东西进行解释时所拥有的自由。他这本书的法语原著书名是《日常

---

〔5〕 Michel de Certeau, Dominique Julia and Jacques Revel, *Une Politique de la langue: La Révolution FranÇaise et les patois*(Paris, 1975).

〔6〕 Michel de Certeau, *The Practice of Everyday Life*(1980; English Trans., Berkeley, 1984).

的发明》(*L'invention du quotidian*),充分说明了他对创造性的关注。

更准确地说,在识别某一类具体的发明时,塞尔托的书中提到“使用”(uses)、“挪用”(appropriation),尤其是“转用”(ré-emploi)等概念。换句话说,他所思考的是普通人如何从代码存储库中进行选择,而这个过程对他们所选择的对象做了新的组合,不仅仅只是将他们已经占用的对象置于新的环境下。通过转用的实践而形成的日常建构,构成了塞尔托所说的“技巧”(tactics)中的一部分。因此,他指出,被支配的人所采用的是技巧,而不是策略,因为在别人所设置的限制下,他们活动的自由度有限。例如,塞尔托曾经使用了一个很有名的比喻来说明创造性的阅读方式。他认为普通人有“越界”(poach)的自由,可以把官方的意义转变成颠覆性的意义。

82 塞尔托的思想与他曾经对话的一些同代人的观点,特别是与福柯和布尔迪厄的思想之间有着明显的相同之处。但是,他把福柯颠倒过来了,用“反规训”(anti-discipline)的概念取代了福柯的“规训”概念。他提出的“技巧”概念表达了一种自下向上看的观点。这个概念的提出也是与布尔迪厄提出的“策略”概念针锋相对的,因为“策略”所强调的是自上向下看的观点。塞尔托的核心概念“实践”与布尔迪厄的概念有许多共同之处,但他批评了布尔迪厄提出的“惯习”概念,认为这一概念有关普通人意识不到自己在做什么的含义不符合实际。

文学与艺术的接受

在上一代人当中,对艺术、文学和音乐的研究发生了重大转变。研究重心从关注艺术家、作家和作曲家转移到关注公众,关注他们的反应,关注他们对所见、所听或所读的作品的“接受”。在这场转变中,塞尔托是一个重要的人物,虽然并不是唯一的重要人物。

关于这个转变，本书在前文关于阅读史的章节（参见第四章）中已做了论述。在艺术史领域，陆续发表的专论也是从这种新观点来写作的。例如，戴维·弗里德伯格（David Freedburg）的重要著作《图像的力量》（*The Power of Images*, 1989）集中探讨了宗教上的反映，将某些类型的画像与中世纪晚期和近代早期的“默思”这一实践的兴起相联系。对耶稣受难的默思是当时供奉式画像作品偏爱的主题，这一主题也在马蒂亚斯·格吕内瓦尔德（Mathias Grünewald）的《耶稣受难》（*Crucifixion*）[7]之类的绘画中得到体现，或者在15世纪以后一直在流传的许多廉价木刻画中被表现。弗里德伯格还把捣毁圣像运动（包括拜占庭的，1566年发生于荷兰的，以及1792年在法国的，等等）当作一种暴力的形式来加以研究，揭示捣毁者的价值观，特别是他们相信圣像本身带有某种信仰的力量，无论是有意识还是无意识的。

发明的发明

如果说福柯和塞尔托提出的有关文化建构重要性的论点可以成立，那么，所有的历史都可以被描述为文化的历史。如果把1980年以来出版的凡书名或标题中带有“发明”“建构”“想象”等字眼的全部历史论著开列出一份清单的话，那么，这份清单肯定会很长，而且五花八门。其中将会包括一大批有关“发明”的著作，例如发明雅典人，发明蛮族，发明传统，发明经济，发明知识分子，发明法国大革命，发明原始社会，发明报纸，发明文艺复兴时期的妇女，发明餐馆，发明十字军，发明色情文学，发明罗浮宫，发明民族和发明乔治·华盛顿，等等。

83

且以疾病史为例。关于身体的新文化史之所以不同于更为传统的

---

〔7〕 马蒂亚斯·格吕内瓦尔德（约1470—约1528），德国画家。——译注

医疗史,就在于它强调了疾病的文化建构,尤其是更为强调“疯癫”的文化构建。米歇尔·福柯在他的成名著作《疯癫与文明》(1961)中首先提出了这一观点。在英国,罗伊·波特的《心灵铸就的镣铐》(*Mind-Forged Manacles*,1990)则是一座里程碑,批判了精神病学家托马斯·萨斯(Thomas Szasz)所主张的“疯癫的制造”是一种情节。相反,波特主张,不同的时期有不同的“疯癫文化”,对异常有不同的看法,对傻子与忧郁症患者等的看法也有不同的套式。

这一类著作大量出版,专门研究如何发明了国家,例如发明了阿根廷、埃塞俄比亚、法国、爱尔兰、以色列、日本、西班牙和苏格兰等国家(尽管据我所知,到目前为止还没有出版过有关发明英格兰的著作)。还有一些著作对区域文化的建构进行了研究,例如非洲、巴尔干地区、欧洲、东欧、北欧(斯堪的纳维亚地区)和巴西东北部(伯南布哥、巴伊亚以及邻近的州)等区域的发明。

二　新的建构

在有些学者看来,过去本身就是一种建构,在美国学者海登·怀特(Hayden White)的眼中更是如此。他的《元史学》(*Metahistory*,1973)一书的目的就是分析他所说的历史文本的“形式主义”,特别是着重研究19世纪的儒勒·米什莱(Jules Michelet)、利奥波德·冯·兰克、阿列克西·德·托克维尔(Alexis de Tocquevelle)和雅各布·布克哈特等人写的经典著作。他声称这四位19世纪伟大的历史学家,都是以一种主要的文学体裁来塑造叙事或“情节”。例如,米什莱是用浪漫小说的形式写历史,或者用怀特自己的术语来说,是用浪漫小说的形式来进行“情节设置”(emplotted),兰克写的是喜剧式的历史,托克维尔写的是

84

悲剧式的历史，而布克哈特写的是讽刺剧式的历史。

怀特还发展了关于历史著作中的情节的思想。这种思想最早由加拿大的批评家诺斯洛普·弗莱（Northrop Frye）提出。弗莱在 1960 年发表的一篇论文中也使用了“元历史”这一概念，并把亚里士多德的有关诗学与历史学的对比的著名思考作为自己的起点。[8] 然而，他也对这一观点做了一个重大的修正，写道：“当历史学家的图式达到某种理解的境界时，在形态上它就变得神秘起来了。”他以爱德华·吉本和奥斯瓦尔德·斯宾格勒为例，说明某些历史学家书中的情节是悲剧式的，所关注的是罗马帝国的衰亡和西方的没落。

也许有人会说，怀特正是在弗莱中止的地方开始了他的研究，把亚里士多德有关诗学与历史学的对比演绎下去，并将情节的思想扩展到一般的历史著作。其实，他站在了两种立场或者说两种主张的交汇点上，一种是常规的观点，认为历史学家建构了他们的文本和解释；而另一种是非常规的观点，认为过去本身也是被他们建构出来的。

怀特的著作以及其他一些进一步发展了这一观点的论文对文化史产生了巨大的影响。他的“情节设置”这一术语已经进入了一些历史学家的话语之中，无论他们的研究对象是某个具体的历史学家，还是当代人对政治冲突的看法。

建构阶级与性别

社会分类似乎从来都被看作是一成不变的，而现在它显得具有灵活性和流动性了。研究印度的历史学家和人类学家已经不再把“种

---

〔8〕 Northrop Frye, ‘New Directions for Old’ (1960; repr. in his *Fables of Identity*, New York, 1963, 52-66).

姓”这一范畴看作理所当然的了。相反，他们把“种姓”看作随着历史，即与帝国主义的历史相联系的政治史而形成的一种文化建构。“部落”这一概念也发生了类似的变化。研究非洲的历史学家和人类学家在自己的著作中越来越不愿意使用这一概念。[9] 相反，与之前的一代人或两代人相比，“种群”这一术语的使用变得更加普遍了。它是一种社会范畴，它的含义往往被认为是比较灵活的，或是可以改变的。 85

同样，“阶级”的范畴在马克思主义者和非马克思主义者眼中都曾经被看作客观的社会范畴，虽然在它的定义上，这两部分人之间存在着分歧，而现在阶级越来越被看作一种文化的、历史的或经推理而产生的建构。例如，爱德华·汤普森的《英国工人阶级的形成》一书之所以受到批评，理由就是他认为经历自身无需通过语言的中介而转变成了意识。比如，加雷思·斯特德曼·琼斯（Gareth Stedman Jones）就指出：“除非通过某种特定语言的介入，否则，意识不可能与经历发生任何关系。”他这里所指的语言是用来分析英国宪章派的那种语言。[10]

女权主义者也一直在鼓励历史学家和其他学者用同样的方式对待性别。正如我们在第二章中提出的，必须将男性对女性的看法与在同一时间和社会层次上流行的妇女观区别开来。前者是女性所经历的施

---

〔9〕 Ronald Inden, 'Orientalist constructions of India', *Modern Asian Studies*（20, 1986）, 401-46; *Imagining India*（Oxford, 1990）; Nickolas Dirks, *Castes of Mind: Colonialism and the Making of Modern India*（Princeton, 2001）; Adrian Southall, 'The Illusion of Tribe', *Journal of African and Asian Studies*（1970）, 28-50; Jean-Loup Amselle, *Mestizo Logics: Anthropology of Identity in Africa and Elsewhere*（1990; English trans. Stanford, 1998）.

〔10〕 Gareth Stedman Jones, *Language of Class*（Cambridge, 1983）, 101; cf. David Feldman, 'Class', in Peter Burke（ed.）, *History and Historians in the Twentieth Century*（2002）, 201-6.

加于她们身上的压力，迫使其行为必须遵循特定的方式，例如“淑惠”；而后者在日常生活“遵循男女有别”的过程中随时都发挥着作用。

换一种说法，如果回到戏剧类比的模式上来，男性特性和女性特性现在越来越多地被当作社会角色模式来进行研究，它们在不同的文化或亚文化中有着不同的脚本，而这些脚本最初是在母亲或父亲的膝旁学来的。然而，它们后来有可能在同伴、行为指南、包括学校、司法机关和工厂、电影和网络等各类影响下做了一些修改。这些脚本包括姿势、手势、语言和穿戴，更不用说性行为的方式。例如，在文艺复兴时期的意大利，男人可以做出戏剧化的手势，有身份的妇女则不行；如果一位妇女的手势太多，那就意味着她是一名高级妓女。

男子特性和女子特性的模式常常是通过对比的方式来加以确定的，例如，有男子气的英国人是与有女人气的法国人或“东方人”相对而言的。在这个领域的历史学家出版的一本著作中，还有一个论点被作者反复强调，那就是在特定的文化中，男子特性与女子特性的模式之间存在着互相依赖的关系；每一种特性的定义都与另一种特征相关甚至相对立。

86 这一论点非常明确地出现在伊沛霞（Patriacia Ebrey）的著作《内闱》（*The Inner Quarters*，1993）[11]中。这本书写的是中国宋朝（960—1279）的情况。她识别出这个时期有关君子的理想发生了全面的转变，从武士气质转向士大夫气质，收集古董的爱好取代了狩猎活动，并成为地位高的男人的时尚追求。向士大夫气质的转变受到当时的中国人想要把自己与突厥人和蒙古人等尚武的邻居区别开来的欲望所驱

---

〔11〕 本书有中译本，见伊沛霞：《内闱：宋代的婚姻和妇女生活》，江苏人民出版社，2004年。——译注

动。对于这种可能性,皮埃尔·布尔迪厄肯定会表示赞同,因为我们在前面已经讨论过他提出的“区隔”思想。

大约就在这同一时期,有关淑女的理想也发生了变化。淑女的形象越来越被看作是漂亮、温顺、纤柔的和文弱的,就像诗人将她们比作的花朵那样。女子裹足的习俗也开始于这一时期。伊沛霞提出,所有这些变化都相互联系。更具体地说,“在宋朝,上层阶级男性的理想形象是克己和修身,这样可能显得有些女里女气,也就只有把女性变得更加纤柔,更加含蓄和文静。”

建构共同体

在建构主义历史学形成的过程中,1983 年是个有象征性的年份,至少在说英语的世界里是这样,因为这一年出版了两部极具影响力的著作,一本来自本尼迪克特·安德森,另一本是埃里克·霍布斯鲍姆和特伦斯·兰杰(Terence Ranger)主编的论文集。

安德森的《想象的共同体》是一本从全球的利益和全球的视野来考察东南亚的著作。该书为现代民族主义历史的大量文献又增添了一份贡献。它的特点至少表现在三个方面:首先是它的视角,因为作者选取了从外部世界来看待欧洲的角度,用了大量篇幅讨论亚洲和美洲的历史。其次,该书使用了文化的方法研究政治,这在当时是卓然不群的。作者不是从政治理论中,而是从对待宗教和时间等无意识或半意识的态度中去识别他所说的“民族主义文化”的根源。

安德森著作的第三个显著特征是强调想象的历史,并集中体现在他所提出的“想象的共同体”这一巧妙而且获得成功的用词中。他用大量篇幅讨论了印刷品,尤其是报纸,在建构民族之类的新的想象共同体并取代像基督教区之类的旧共同体的过程中具有的重要地位。安德

87

森似乎没有意识到，不久以前已经有一部分法国历史学家开始转向研究“社会想象的历史”（l'histoire de l'imaginaire social）。安德森与这批历史学家的相似之处是他们都承认集体的想象，或共同的想象在促进事情的发生上所发挥的力量。尽管他没有使用“建构”一词，但肯定了这一过程的重要性。

相反，建构的思想却是霍布斯鲍姆和兰杰主编的论文集《传统的发明》的核心，对文化史的核心概念之一进行了挑战性的重新检验。这本论文集来自《过去与现在》杂志社举办的一次研讨会，而这次研讨会的举办又是起源于霍布斯鲍姆的思想。霍布斯鲍姆认为，从1870年到1914年的这一段时间对新传统的产生具有特别重要的意义。这本论文集收入了一系列富有启发意义的论文，对英格兰、威尔士、苏格兰以及印度和非洲的英帝国进行了个案研究，讨论了苏格兰方格呢短裙和韭菜、大葱的兴起，尤其是讨论了新式的英国皇家或英帝国的仪式。霍布斯鲍姆在论文集的导论中就传统产生的作用提出了一个总论断，即有些“看上去或声称为古老的传统，其实往往起源于不久之前，有时甚至是新发明的”。这个论断在当时颇具颠覆性，扩大了以上那些个案研究所产生的影响。

《传统的发明》使得最为传统的一种文化史，即传统本身的历史，在形式上得到了更新，而这本论文集能被接受却让几乎所有人都感到吃惊。它获得的成功大大超出了不管是主编还是出版社（剑桥大学出版社）最初的预想。从日本到巴西，世界上许多地区的同类研究专家都强调了霍布斯鲍姆有关19世纪后期假说的价值。不过，就在这本书被热情接受的过程中，它载有的信息又被人们重新解释。书中明确表达的思想被人们拿来说明所有的传统都是被发明的。今天，霍布斯鲍姆在该书导论中所说的那句话，也就是上面引用的那句话，似乎并没有那么大的颠覆性,也没有那么强的保守性,因为他使用了“往往”和“有时”这两个限定词,何况他还告诫说,“真正的传统所具有的力量和适应能力”不应该同发明混为一谈。 88

不过,从另一方面来看,霍布斯鲍姆却是一位准确的预言家,因为他指出了“传统的发明”这一概念与民族和民族主义之间的特殊关系。现在,“民族”已经被看作建构的范式性例证。这一点可以从前面提到的那一书架书籍的书名都带有“发明”二字中得到证明。

那么,这里所说的发明和建构是通过什么途径来实现的呢?已经出版的一些著作强调了政治性的节庆活动,从中世纪的国王加冕典礼到每年7月12日北爱尔兰的奥伦治党(Orange lodges)举行的大游行等,这些集体性行为在共同体的建构中发挥了作用,不仅表达也强化了参与者的集体认同意识。

更不寻常的一本书是西蒙·沙玛(Simon Schama)的《富人的困窘》(*The Embarrassment of Riches*,1987)。这本书论述了17世纪“荷兰民族性的创建”。荷兰是在16世纪反对西班牙菲利普国王的起义过程中形成的新民族。他们是一个寻求集体认同的群体,一方面,他们认同古巴达维亚人,因为古巴达维亚人对古罗马帝国进行了抵抗,就像荷兰人抗击西班牙人一样;另一方面,他们又认同古以色列人,因为古以色列人宣布了独立,脱离法老统治下的埃及。通过这样的途径,他们找到了或制作了他们所寻找的东西。

其实,有些荷兰历史学家已经提出过这样的论点,但沙玛在这些论点之外又增添了他自己的论点。他受到玛丽·道格拉斯的有关纯净的著作(见第三章的讨论)的启发,把17世纪荷兰人的纯净观念解释为“区隔的重申”,尽管有相当多的外国旅行者对这种观念做过评论(并不总是表示赞同)。用弗洛伊德的语言来说,荷兰人的纯净观可以解释为他们“对细微差异的自我陶醉”，而关键恰恰在于“正是这种微小的差异构成了他们之间的那种疏远甚至敌对的感情的基础，否则他们就完全一样了”。如果用皮埃尔·布尔迪厄的语言来说，这证实了寻求“区隔”现象的存在；而用英国人类学家安东尼·科亨（Anthony Cohen）的语言来表达，这揭示了“共同体的符号建构”。[12]

89 君主制的建构

20 世纪 90 年代出版的三本关于俄罗斯、日本和法国的著作，可以分别用来说明在政治学领域中也发生了从表象向建构的转变。

一本是理查德·沃特曼（Richard Wortman）的著作《权力的场景》（*Scenarios of Power*, 1995），研究了神话和仪式在俄国沙皇制形成过程中的作用。这位作者吸收了从吉尔兹到巴赫金等人的文化理论。虽然他没有直接引用戈夫曼的话，但在书中表现出了戈夫曼那种认为“戏剧类比”无处不在的感觉，至少在俄国的宫廷里以及宫廷环境下是如此。这本书以戏剧场景观念为中心展开论述，其中包括征服、家庭生活、王朝、启蒙、友谊、幸福、谦卑、爱情、民族性和改革的各种场景，还有诸如加冕、婚礼、葬礼、宗教游行和军队队列等场景都被看作对权力的确认以及对国家团结的展示。

另一本是藤谷隆志（Takashi Fujitani）的《辉煌的王朝：现代日本的权力和庆典》（*Splendid Monarchy: Power and Pageantry in Modern Japan*, 1996），考察了 1868 年日本明治维新以后传统的发明。作者指出，那个

---

〔12〕 Anton Blok, ‘The Narcissism of Minor Difference’ (1998; repr. in *Honour and Violence*, Cambridge, 2001, 115-31); Anthony P. Cohen, *The Symbolic Construction of Community* (Chichester, 1985).

时代“日本的统治精英以空前的活力创造、复兴、操纵和鼓励了民族仪式”，把这用作让普通民众加入“民族共同体文化”的政策之一，让他们认识到自己是帝国审视的对象。尤其重要的是，他们利用了天皇登基、婚庆、葬礼，以及巡行各个郡县而举行庆典和游行活动的这些机会。藤谷隆志指出，这些巡行“仅仅凭借它们的盛况和辉煌场面就可以产生出权力，并不是因为它们传达了某种特别的神话或意识形态”。例如在俄国，使用英国的四轮大马车等一些来自国外的器物，也可以增强其效果。藤谷隆志在福柯的启发下对“帝国审视”进行了讨论，指出普通民众虽然不敢抬头直视天皇，却知道天皇正在审视着他们。

在社会现实的话语建构这一问题上，各位历史学家究竟持何种立场并不总是十分清楚的。正是出于这样的原因，我在这里选择了我自己的一本书《制作路易十四》(*The Fabrication of Louis XIV*, 1992)来进行讨论。我们看到，法国国王路易十四的日常生活大部分被仪式化甚至被戏剧化了，就像俄国的沙皇一样。这位国王的日常起居(法语称 *levre* 和 *coucher*，即起床礼、就寝礼)被安排得像是一类芭蕾舞表演(即路易十四欣赏的那类芭蕾舞，有时他也亲自参与这类表演)。各种不同规格的皇室餐饮也可以看作为了在专门选出的观众面前举行的各类表演。这些都是沃特曼所说的“场景”。 90

这里且以所谓的“宫廷居室”(*les Appartments*)的制度为例。1682年，路易十四搬进了凡尔赛宫。此后，这座王宫内的一些房间每周向贵族们开放三次，供他们玩台球、打牌、闲谈和休息。这一创新之举的关键在于把某种程度的非正式性引进了凡尔赛宫。但与此同时，不应对这种方式做过分的延伸，更不能将它描述为一种“仪式”，因为它的设计是为了传递一种信息，把它当作一种用来确认国王有接近臣民的意愿的途径(制作奖章也标志国王愿意接近他的臣民)。实际上，路易王很快就不再在这类场合露面了，但君臣接近的戏剧却长期地继续表演下去。

国王的日常生活究竟有多少内容纳入了这种规则或“礼仪”，这一点确实难以弄清楚。正是出于这个原因，对路易十四的生活进行考察便提供了一个机会，以便让我们对“礼仪”这一概念的意义和范围进行反思。像其他地方一样，将这些活动看作多少有些仪式化（或多少有些符合套式，或多少有些符号性）的活动，而不要将礼仪描述为一种单独类型的行动，也许更能说明问题。[13] 然而，当代的观察家声称，国王的哪怕是任何一个最细微的举止都是经过事先排练的。

有关凡尔赛宫日常生活的分析，再次表现出了曾被反复引用的戈夫曼的著作的价值。每当国王出现在王宫的“前台”，他总是站立在舞台上；国王的书房或寝室（cabinet）可以描述为“后台”，国王在那里与曼特农王后单独相处。曼特农王后过去曾经是国王的情人，后来才正式成为了他的妻子（这是人皆尽知的事实，但谁也不敢公开地说）。

有一份当时的档案被保留了下来，生动描述了路易十四从后台转到前台的整个安排，其中提到有一条门廊把路易十四的私室和公众区域隔开。[14] 每当他经过这条门廊时，都会摆好姿势，显出一副庄严的模样。这位国王就是通过这种方式制作理想的国王形象，以维护君主制的权力。

91

路易十四除了用这样的方式表现自己以外，还被表现在许多雕像、

---

〔13〕 Catherine Bell, *Ritual Theory, Ritual Practice*(New York, 1992).

〔14〕 Peter Burke, ‘On the Margins of the Public and the Private: Louis XIV at Versailles’(2001), repr. in Agnes Horvath, Björn Thomassen and Harald Wydra(eds.), *Breaking Boundaries: varieties of liminality*(New York and Oxford, 2015), 130-7.

绘画、版画以及诗歌、历史著作和期刊(包括官方公报)中。历史学家就是根据这些文本和别的类似的东西,描绘出了过去他们常说的国王的公众“形象”。自从 19 世纪末广告业的兴起让我们产生了形象的意识后,这一主题更加引起学者们的兴趣。

笔者的这本书之所以选择“制作路易十四”,而不是“制作路易十四的形象”作为书名,不仅是因为题目越短就越有戏剧性,这里还有一个原因,即为了突出这样一个论点——路易十四通过扮演他的角色,即表演“伟大的角色”,而不断地被制作或被重新制作。“伟大的角色”一词是一位瑞典历史学家在有关瑞典国王古斯塔夫三世的著作中曾经使用过的。[15] 这些表演以及这些表演的许多表象,即表象的表象,让路易十四出现在不同的观众面前:出现在他的贵族、他的臣民、外国宫廷,甚至出现在后代人的眼前。这些表象逐渐变成了现实,也就是说影响到了政治形势。但是,这些表象又不是唯一的现实。当时的一些人已经知道这位国王的公众形象与其实际行为之间存在着差异和矛盾,并将这种差异记载了下来。比如说,他的公众形象是作为一名武士出现,而实际上他更愿意让自己远离战场。

在建构主义的背景下,如果注意到了我的著作所引发的反对意见,也许很有意思。一方面,让一些传统历史学家感到惊讶的是,我居然如此认真地对待路易十四的形象,以至于专门写了一本书来论述这个主题,却不去讨论路易十四的政策;另一方面,有些后现代主义的读者对于我主张的文本之外还有他物,在表象背后还存在真实个人的这一说法表示不满。然而,在这个时代,文化史学家不得不走钢丝。

---

〔15〕 Eric Rönnroth, *Den stora rollen: kung Gustav III spelad af honom sjölv* (Stockolm, 1986).

建构个人的身份(identities)

关注个人身份的建构是新文化史的一个主要特征。在我们这个时92代,在如此之多的国家里,“认同的政治”已经成为一件非常重要的事情,因此根本不足为奇。个人档案,或荷兰人所说的“我史”,也引起了人们越来越浓厚的兴趣。无论是以前面讨论过的(参见第四章)书信为形式,还是以游记为形式,或者以日记和自传为形式,其中包括工匠的自传,例如修补匠、裁缝、鞋匠或木匠写的自传,这些档案都是用第一人称写就的文本。雅克–路易·梅内特拉(Jacques-Louis Ménétra)是巴黎的一名玻璃工,他把在法国革命期间的生活详细地记载了下来。这些记载后来被丹尼尔·罗什发现。[16]

这些档案中使用的修辞,也就是“识别身份的修辞”,引起了越来越多的关注。例如,有些书信是按照通常的格式来写的,而这些格式又因写信人所处的时代和社会地位的不同而显示出变化,也随着书信的类型不同(同辈的熟人之间的通信,下级向上级求助的信件,等等)而发生变化。

例如,娜塔莉·戴维斯在《档案中的虚构》(*Fiction in the Archives*, 1987)一书中,研究了她所说的“16 世纪法国的赦罪故事及故事的叙述者”。她在书中提到了一些自杀的故事,其中有“愤激型”自杀,自卫型自杀;还谈到了写给国王的请求宽恕的信件,有可能是律师代表当事人写的。但是,让戴维斯感兴趣的却是她所说的这些档案中“虚构”的方面。她解释说,“我这里使用了‘虚构的’(fictional)一词,并不是用来

---

〔16〕 James S. Amelang, *The Flight of Icarus: Artisan Autobiography in Early Modern Europe*(Standford, 1998).

指其中那些伪造的成分,而是在另一层更广泛的意义上使用'虚构'(fingere)的词根,指它们的构造、形成和铸造的成分:叙事的技巧。"

这里以赦罪故事为例。传统观点认为,这里面的那些自述要么在讲真话,要么在撒谎。然而,这种传统观点已经逐渐被一种更微妙的方法所取代,后者被当作在某种特定的文化中表现自我的惯例或规则来考虑,是作者从某种角色(有名望的贵族,有德行的太太,或有灵感的艺术家)的角度来认识自我,从某种情节(从穷汉变成富人,或从罪犯的悔过或转变)的角度来认识生活。

使用这种研究方法的早期范例有威廉·廷代尔写的《约翰·班扬:机械工牧师》(*John Bunyan, Mechanick Preacher*, 1934)。廷代尔使用了20世纪30年代的那种风格来研究班扬的《罪魁蒙恩录》(*Grace Abounding to the Chief of Sinners*),把它看作班扬最典型的成果和最能反映班扬所属的那个阶级,即工匠或"机械工"的文学技能。与此同时,廷代尔又把《罪魁蒙恩录》归类于某种特殊的文学类型,属于"激情式的自传",或17世纪中叶在英国出现的那种转叙。这种文学类型产生于浸礼派和教友派等激进的新教派。 93

这一文学类型的著作以圣奥古斯丁的《忏悔录》(*Confessions*)和《使徒行传》(*Acts of the Apostles*)中描述的圣保罗的生平为模型,这类故事先强调早年的罪行,然后讲述内心经历的巨大转变。廷代尔在书中讨论了他所说的文学类型的"套式","选择、强调和安排的模式",以及"再生的严格公式"。他指出,这些有关写作技巧的规则源于聚会这样一种口头交流的环境。

有些学术传记以同样的方式着重描述了传主的自我表现或自我塑型。斯蒂芬·格林布拉特在《瓦尔特·雷利爵士:文艺复兴时期的人物及其角色》(*Sir Walter Raleigh: Renaissance Man and His Roles*, 1973)

一书中就采取了这一做法。[17] 在这之后，他又出版了一本更有名的著作《文艺复兴时期的自我塑型：从莫尔到莎士比亚》（*Renaissance Self-Fashioning from More to Shakespeare*, 1980），书中也使用了同样的做法。菲利普·费尔南德斯-阿梅斯托（Felipe Fernandez-Armesto）的著作《哥伦布》（*Columbus*, 1991）与过去的有关大发现家的传记不同，强调书中的主人公终生都关注自我进步和自我促进。书中将哥伦布描写为即使是在表现其谦卑的时候也是属于"展示型"的人物，为"写得极好的脚本"扮演了一个角色。

此外，爱尔兰历史学家罗伊·福斯特（Roy Foster）完成了一本有关英国诗人威廉·巴特勒·叶芝（William Butler Yeats）的传记，尤为强调这位诗人的自我表现，包括他的服装（尤其是他那件黑斗篷和那顶宽边帽），戏剧性的手势，说话的姿态，乃至公开朗诵诗歌时的腔调。他对印在其书和自传扉页上的肖像很在意。1915 年，曾经有一个人说过，叶芝所关心的是"围绕着他自己建立一种传说"。对于这样的说法，他也非常在意。在这本书出版之前，理查德·埃尔曼（Richard Ellmann）在著作中已经强调了这位作者所说的叶芝的"装腔作势"与"假面具"。[18]

对另一个方面，历史学家们也表现出了越来越浓厚的兴趣，那就是捕捉人们试图为建构与自己不同的特质而采取的行动："假装成"他们并不是的那种人，比如假装成白人，假装成男人，假装上层阶级中的一员，等等。女扮男装去从军，然后被认出真实身份的一些著名故事，在

---

〔17〕 圣瓦尔特·雷利（1554—1618），英国探险家，美洲殖民者。——译注

〔18〕 Roy Foster, *W. B. Yeats* (Oxford, 1997), 90, 100, 141, 345, 373, 492, 512, 515, 526-8. Cf. Richard Ellmann, *Yeats: The Man and the Masks* (1949).

当前对个人特质与其能力以及对妇女史给予了重视的背景下，获得了新的意义。[19] 94

有一位小人物正是通过这种方式成为学者们注意的焦点，他就是乔治·萨尔曼纳扎（George Psalmanazar）。[20] 萨尔曼纳扎原是一个法国人，在来到英国之前曾从事过各种不同的职业，后来还装扮成中国台湾人。1704 年，在这场骗局被揭穿之前，他出版了一本详细描述台湾岛的书。正如一本著作所强调的，萨尔曼纳扎"扮演过许多角色……他曾经伪装过中国台湾人和日本人、法国人、荷兰人、犹太人，伪装过学生、流浪汉、难民、士兵、皈依者、辩论家、骗子、学者、雇用文人、企业家，还伪装过忏悔者、模范和长者"[21]。

三　表演与场合

萨尔曼纳扎可以被看作一名技巧非常娴熟的表演者。人们对他生平愈发感兴趣，或可标志文化史出现了"表演的转向"。我们在前面已经提到了戏剧类比的模式在 20 世纪 50 年代和 60 年代的重要的意义。然而，自 20 世纪 70 年代以来，这一模式在使用上也发生了逐渐的、微妙的和集体性的转变。

---

〔19〕 Rudolf M. Dekker and Lotte van de Pol, *The Tradition of Female Transvestism in Early Modern Europe*(1989); Elaine K. Ginsberg(ed.), *Passing and the Fictions of Identity*(Durham, NC, 1996).

〔20〕 在中国台湾的一些著作中译作乔治·沙曼那拿。——译注

〔21〕 Richard M. Swiderski, *The False Formosan: George Psalmanazar and the Eighteenth-Century Experiment of Identity*(San Francisco, 1991), 252.

表演文化史

像其他学科中的同行们一样，历史学家也从社会"脚本"的观念转向了社会"表演"的观念。由于20世纪70年代的一些研究闲聊和仪式的人类学家的推动，"表演"这一术语在理论上产生了重要影响。不久之后，另一位人类学家马歇尔·萨林斯（Marshall Sahlins）提出了把文化看作执行"行为话语"（performatives）而使用的一系列诀窍的思想，这是一种概括性更高的思想。"行为话语"的概念是从英国哲学家约翰·奥斯丁（John Austin）那里借来的。奥斯丁曾经研究话语行为，比如说"我给这条船起一个名字"，又比如说新郎和新娘在结婚仪式上说"我愿意"，但这些话语都没有充分描述出它们之所以产生的环境。[22]

有些历史学家已经开始从这样的观点出发来重写政治观念的历史，著名的例子有昆廷·斯金纳（Quintin Skinner）的著作《近代政治思想的基础》（*Foundations of Modern Political Thought*，1978）。这本书所关心的是书中讨论的那些作者在写书时所做的事情，就像斯金纳正在做的事情那样，即他们论点的要义所在，而奥斯丁把这称作他们的"以言行事的力量"。斯金纳把注意力集中在政治、社会和学术思想背景下的措辞，并把这看作一种行动，从而对他所说的"真正具有历史特征的政治理论的历史"做出了贡献。[23]

95

---

〔22〕 Marshall Sahlins, *Islands of History* (Chicago, 1985); John Austin, *How to Do Things with Words* (Oxford, 1962).

〔23〕 有关历史学家与话语行动，见 James Tully (ed.), *Meaning and Context: Quentin Skinner and His Critics* (Cambridge, 1988); Pallares-Burke, *The New History*, 212-40。

另一个例子是克里斯蒂安·茹奥(Christian Jouhaud)的著作《反马萨林的传单》(*Mazarinades*,1985),不过这本书在法国以外不怎么出名。茹奥在书中对17世纪中期直接反对马萨林政府的5000余份传单进行了研究。他拒绝使用过去历史学家所使用的那种统计方法来研究这些传单,同样,他也拒绝将反马萨林的传单仅仅看作被动地反映了当时的公众舆论。按照他的说法,在它们的话语中存在着一种"流动性",而且正是这种流动性使得传统的方法无法弄懂这些难以捉摸的文本。相反,茹奥像奥斯丁和斯金纳一样,也提出了这样一个问题:"当他们在写这些东西的时候,究竟是在做什么?"他将这些传单当作许多个行动来加以陈述,把它们看作需要从策略、战术、表演(mise-en-scéne)、接受和效果的角度来加以讨论的文本。

更加明显的是,对公共节庆活动的分析可以从表演的角度来加以补充,而且事实上已经出现了这种分析方式。例如,伊丽莎白二世的加冕仪式被解释为"共识的表演"(performances of consensus),委内瑞拉的一些公众节日被看作民族主义的表演。纪念活动也被描述为历史或记忆的表演。舞蹈史曾经是某些专门学者的研究领域,现在也得到了文化史学家的重视,把舞蹈与政治和社会联系起来讨论。[24]

从种族、性别、荣誉、朝臣、贵族、奴隶表演等各种角度进行的日常生活分析也使用了"表演"的概念。例如,迈克尔·赫茨菲尔德(Michael

---

〔24〕 Gilliam McIntosh, *The Force of Culture: Unionist Identities in 20th-Century Ireland* (Cork, 1999), 103-43; David M. Guss, *The Festive State: Race, Ethnicity and Nationalism as Cultural Performance*(Berkley, 2000), 24-59; Neil Jarman, *Material Conflicts*(Oxford, 1997), 1-21; Rudolf Braun and David Gugerli, *Macht des Tanz der Mächtigen: Hoffeste und Herrschaftsz-ermoniell, 1550-1914* (Munich, 1993); Andrée-Isabelle Tardif, 'Socal Dancing in England 1660-1815', Cambridge Ph. D thesis, completed 2002.

Herzfeld）写了一本民族志，研究了克里特岛上的一个村庄。他把咖啡馆描述为通过仪式化的攻击来表演阳刚气质的舞台，例如，在玩纸牌游戏时，"几乎每一个动作都是带有攻击性的手势，尤其是在扔出纸牌时用指节敲打桌子的动作"[25]。

奴隶向主人表示顺从已经被解释为一种夸张的行为，如同表演和"装样子"。有些历史学家也从同样的角度来解释工人阶级的服从。相反，正如人类学家詹姆斯·斯科特（James Scott）指出的："假如需要依附一种让人相信的卑躬与顺从的表演，那么同样，主宰似乎也需要一种让人相信的傲慢和主子气表演。"[26]

96

语言学家们也在开始谈论"认同行为"，并强调这样一个事实，语言创造了认同或有助于创造认同，并表达了这种认同。历史学家对喻义性的表演所抱有的兴趣在不断上升。例如，扫地可以发挥符号的功能，象征着内部的秩序。"种族清洗"可以被看作是"纯洁"隐喻的实施。[27]

表演一词甚至被应用在建筑方面。有人提出，应当把建筑物或广场视为一种舞台。其实，很早以前已经有了这样的观念。例如，教皇亚历山大七世下令在罗马建造圣彼得广场，这个广场在当时就被称作"剧场"。建筑是一种集体性的艺术，可以把建筑设计看作类似于脚本

---

〔25〕 Michael Herzfeld, *The Poetics of Manhood*（Princeton, 1985）, 51, 115.

〔26〕 James Scott, *Domination and the Arts of Resistance*（New Haven, 1990）, 11. 该书重点讨论了公开的表演与私下的态度（"暗藏的脚本"）之间的不一致。

〔27〕 Robert Le Page and Andrée Tabouret-Keller, *Acts of Identity*（Cambridge, 1985）; James Fernandez, 'The Performance of Ritual Metaphors', in J. David Sapir and J. Christopher Croker（eds.）, *The Social Use of Metaphor*（Philodelphia, 1977）, 1-31.

的东西,同样给工匠们的即兴创作提供了空间。[28]

"表演"这一概念的出现有什么意义?在回答这个问题时有一点很重要,那就是必须注意到被它否定的那些东西。文化规则一成不变的观念已经过时,取而代之的是即兴表演的观念。皮埃尔·布尔迪厄是主张改变这种研究方法的主要倡导者,尽管他很少使用"表演"这一概念。如果说他确实使用过这样的概念的话,那也是他首先提出的"惯习"(固定的即兴表演的原则)。这个概念的提出是对结构主义做出的反应,因为结构主义主张将文化看作由规则构成的系统,而布尔迪厄发现这一观念过于僵化。

字面意义上的即兴表演在一系列有关口头文化的著作中已被做过详细的讨论。[29] 其中有一本著作最重要,即阿尔伯特·洛德(Albert Lord)写的《讲故事的歌手》(*The Singers of Tales*,1960)。虽然到目前为止,文化史学家们尚未就此书展开讨论,但我本人必须承认,这本书一出版就给我留下了极深的印象。20 世纪 80 年代,洛德陪同米尔曼·帕里(Milman Parry)前往当时的南斯拉夫访问。帕里是哈佛大学的古典文学教授,他断言《伊里亚特》和《奥德赛》是通过口头传诵而形成的,然后才根据背诵记载下来。

为了验证他的这一假设,帕里和洛德一道去了波斯尼亚,因为在那一带的小酒馆和咖啡馆里仍然活跃着一些传诵史诗的诗人或吟唱者。他们用录音机录制了数百首史诗并进行了分析,结果发现同一位诗人 97

---

〔28〕 Richard Krautheimer, *The Rome of Alexander VII*(Princeton, 1985), 4-6; Christopher Heuerm, 'The City Rehearsed: Object, Architecture and Print in the worlds of Hans Vredemann de Vries'(New York, 2009).

〔29〕 有关尝试使用这种方法去研究大众表演的例子,见 Peter Burke, *Popular Culture in Early Modern Europe*(1978; 3rd edn, Farnham 2009), 133-62。

在不同场合表演同一个故事时，会做出不同的表演——有时把故事拉长，有时将它缩短，或者用其他方式加以改编。显然，这位诗人总是在进行即兴表演。

这样的即兴表演一次可以持续好几个小时，表演者仅依据一种框架，也就是帕里和洛德所称的“套式”和“主题”。我们在这里又一次发现了对文化图式的强调，不过这一次是在两个不同的层次上：一个层次是套式，指的是重复使用的用词或对句，像“跨过平整的草原”，或像荷马史诗中说的“深色如酒的海洋”；另一个层次是主题，指的是被写成大段的套语和可以重复使用的故事片断，比如送信，或者主人公拿起了武器等，这些带有基本结构的故事片断，供吟唱者依据自己的表演技能或表演场合的特点加以不同的详述或“渲染”。

现在，口述已经同文字和数字一道成为历史研究的确定主题，历史学家正在重新探索诸如此类的许多套式和主题，就像他们比以前更加重视流言、歌谣和口头传说一样。[30] 尽管如此，《讲故事的歌手》一书提供的分析至今尚无出其右者。

到了20世纪80年代，表演的观念所包含的意义又有所扩大。过去出版的有关礼仪和节庆活动的著作往往被看作紧紧地依赖于文本提供的证据。学者们指出，早在16世纪和17世纪，描述节庆活动的印刷品就已经出版了，这类印刷品有时甚至在节庆活动开始之前出版。一般说来，文本的描述比较清楚，但有些学者认为，对于节庆活动中使用

---

〔30〕 这方面的早期的事例，见 Robert W. Scribner, ‘Oral Culture and the Diffusion of Reformation Ideas’(1984; repr. in his *Popular Culture and Popular Movements in Reformation Germany*, 1980, 49-70)。有关对英国的研究，近期成果的综述见 Adam Fox and Daniel Woolf(eds.), *The Spoken Word: Oral Culture in Britain, 1500-1800*(Manchester, 2003)。

的画像可以用帕诺夫斯基等人分析绘画的图像学方法来进行分析。

但是,之后出版的一些有关节庆的著作则强调,节庆活动中“表演绝不仅仅是扮演角色(euecfuruf)”或表达,而有更积极的作用,因为在每一个表演场合里它的意义都被重新创造了。学者们现在更倾向于强调某个特定节日的意义具有多样性,有些意义甚至会相互冲突。例如,南美洲的某个宗教节日对某些参加者来说属于天主教的节日,而对于另外一些参加者来说却与非洲的传统宗教有联系。

研究欧洲中世纪和近代早期的历史学家经常讨论游行活动。游行在宗教和世俗节日中都起着非常重要的作用,它体现或象征着某个共同体的社会结构。然而,在进行这类研究的时候,必须认识到人们对这类事情的认识并不一致。即使是在最庄严的场合,人们仍然可能为争夺游行的顺序而相互殴斗,因为他们对自己在这个共同体中的地位所持的看法互不相同,每一方都认为自己有权走在另一方的前头。

98

因此,对那些出了乱子的地方和偏离了“脚本”的地方,历史学家开始给予新的关注。例如,托马斯·拉克尔(Thomas Laqueur)在一本有关死刑的著作中,批评了福柯等学者所说的“司法的戏剧类比”。他集中考察了群众的反应以及“意外的转折”,并因此产生了“流动性大得多的剧场”。[31]

此外,在文艺复兴时期的罗马,有一位名叫帕里斯·德·格拉西斯(Paris de Grassis)的罗马教会司仪。他的日记被保留了下来,让我们得以窥见罗马天主教的仪式原本想如何进行,而实际上又发生了什么事

---

〔31〕 Thomas W. Laqueur, ‘Crowds, Carnival and the State in English Executions, 1604-1868’, in *The First Modern Society*, (eds.) A. Lee Beier and David Cannadine (Oxford, 1989), 305-55.

情。比如说，格拉西斯不得不去对付高龄的红衣主教，因为他发现对这些红衣主教来说一次要站立或下跪那么长时间是非常困难的，更不用说让其行走在游行队伍中了。更难解决的问题是，当时的教皇尤里乌斯二世患有痛风，[32]不能每次都按照仪式的需要行屈膝礼。此外，这位教皇不喜欢穿圣衣，因此有可能会在出席时不按礼仪的规定佩戴圣带。还有，尤里乌斯教皇对教会礼仪很不耐烦。有一次，当司仪告诉他下一步该怎么做时，“这位教皇却笑着说，他想怎么做就怎么做”。[33]

场合论的兴起

我们在上一节里讨论了一些有关表演的著作，或者将生活视为表演的著作。这些著作让我们看到，学者们在人文学科的一个又一个领域的实践中进行着一场静悄悄的革命。我可以把这个趋势称作“场合论”（occasionalism）。我们从哲学当中借来了这样一个术语，以便满足文化史学家的需要。这个术语源于伊曼努尔·康德，他用这个术语来指马勒布朗士（Malebranche）等一些后期笛卡儿主义者。[34]

我们发现，同一个礼仪或故事在不同的场合里会出现差异，表达顺从的行为只发生在主人给予注意的场合下。如果将所有这些例子加以抽象，我们可以这样说，在不同的场合（时间、地点），在不同的情况下，以及面对不同的人时，同一个人的行为会有所不同。

99

我这里所说的“场合论”，即使不能十分有把握地说这意味着从社

---

〔32〕 尤里乌斯二世（Julius II，1443—1513），意大利籍教皇。——译注

〔33〕 Peter Burke, *Historical Anthropology of Early Modern Italy*（Cambridge, 1987）, 176-7。根据这份日记，我添加了一些细节。

〔34〕 马勒布朗士（Nicolas de Malebranche，1683—1715），法国哲学家。——译注

会决定论向个人自由的转变,至少也可以说是从固定反应的观念向灵活反应的观念的转变。前一种观念指的是遵守规则,而后一种观念是指依据“逻辑”或“对情况的判定”而做出反应。这两种说法都是芝加哥大学的社会学家威廉·I. 托马斯(William I. Thomas)提出的著名话语。芝加哥大学的另一位社会学家欧文·戈夫曼在一本有关自我表现的著作中,为这一趋势提供了一种最生动的解释。在20世纪50年代,场合论的研究方法与当时占优势的社会与历史分析方式背道而驰。相反,近年来人们似乎到处都能碰见它,哪怕是在极不相同的背景或领域中。

举例来说,就语言而论,历史学家从社会语言学家那里学会了如何研究使用双语的场合。能使用两种语言的人在这种场合下会从一种语言切换到另一种语言,而另一些人却在实践一种“双语制”,即使用“高”级语言讨论政治,使用“低”级语言谈论足球。[35]

双语制仅仅是一个例子,它反映了一种更为普遍的现象,也许可以把这种现象称作“双栖文化”。我们倾向于认为字如其人,也就是说,一个人的笔迹能反映他的个性。然而,例如在16世纪的法国,同一个人完全可以根据场合的不同写出不同的字体。有些特殊的字体,如宫廷字体、秘书字体、商人字体等,都与特定的功用有关,比如用来记账或用来给朋友写信的字体就不一样。在近代早期的匈牙利也发现了这样的例子,一个人在某种场合签名,而在另一种场合却画十字。[36]

长期以来,艺术史学家也在思考艺术风格与场合、时代和个人之间

---

〔35〕 Vladislav Rjéoutski, Gesine Argent and Derek Offord(eds.), *European Francophonie* (Oxford, 2014).

〔36〕 István G. Tóth, *Literacy and Written Record in Early Modern Central Europe* (Budapest, 2000).

的关系。例如，研究文艺复兴时期的学者们已经指出，在皮萨内洛（Pisanello）、维特·施托斯（Veit Stoss）等画家和雕塑家的作品中，[37]起初出现了从哥特式的风格向古典风格的转变，然后又转变回来了，而这些转变都是根据艺术类型的要求，或根据庇护人的要求而改变的。[38]

对于文明化的进程也可以得出同样的结论。诺伯特·埃利亚斯在1939年发表的经典著作《文明的进程》中已经提出了这个论点。例如，就幽默史而言，埃利亚斯的论点遇到了这样一个问题：到了17、18世纪，上层阶级在公开场合或在同伴比较杂乱的情况下，对某类玩笑不再发笑，虽然如此，如果换一个场合再有同样类型的玩笑，他们显然还会发笑。上层阶级的成员，尤其是贵妇人，似乎已经感觉到，他们的高级社会地位要求他们不能表现出其被"低级"玩笑所逗乐，无论其他阶层的人是否能够看到和听到他们在发笑。但是，英国维多利亚时代的绅士们却在吸烟室里继续欣赏着这些笑话，因为那里没有女士们在场。不过，在男士们不在场的情况下，贵妇人也可能做过同样的事情。

100

四 解 构

在一些学者看来，前几代历史学家所持的是朴素的实在论观点。现在来看，这一看法显然并没有夸大其词。他们当中还有些人清楚地意识到了历史学家在建构社会范畴中起到了积极的作用。例如，正是

〔37〕 皮萨内洛（Antonio Pisanello，1395—1455?），意大利文艺复兴时期的早期画家。施托斯（Veit Stoss，1440—1533），德国雕刻家、画家。——译注

〔38〕 Thomas Kaufmann, *Court, Cloister and City: The Art and Culture of Central Europe, 1450—1800*（1995）, especially 57-73, 89-92.

弗雷德里克·威廉·梅特兰（Fredrick William Maitland）在19世纪80年代指出，“如果有一位考官问到，是谁将封建制引进了英格兰，正确的答案是，假如提供了合理解释的话，那就是亨利·斯佩尔曼（Henry Spelman）”。[39]（斯佩尔曼是17世纪对中世纪法律史感兴趣的一位学者。）

此外，法国历史学家吕西安·费弗尔也在一本书中写道，“我们的祖先制作了他们的文艺复兴”，就像在“每个时代都在精神上制作了他们对过去的表达”一样。[40] 同样，历史学家长期以来一直使用“文艺复兴时期的神话”一语，就是要表明他们已经意识到了“文艺复兴”一词并不是对过去的客观描述，而是有价值观投射于过去。

还有一些学者非常清楚地认识到了历史与神话之间的关系。剑桥古典学者弗朗西斯·康福德（Francis Cornford）的著作《修昔底德的神话历史学》（*Thucydides Mythistoricus*，1907）对修昔底德所写的历史中的“神话”进行了分析，并将修昔底德的著作与希腊悲剧进行类比。这本书出版了近70年以后，才有海登·怀特的《元史学》（1973，参见上文）和其他有时被称作“神话历史学”的著作。

此外，即使在“发明”兴起之前，也没有把民族看作是一成不变的。101 阿梅里科·卡斯特罗（Americo Castro）的名著《西班牙历史的结构》（*Structure of Spanish History*，1948）中有这样一句话：“国家不是一个固定的实体。”这位作者接着解释说：“像其他任何国家一样，西班牙一直

[39] F. W. Maitland, *The Constitutional History of England* (1888; posthumously published, Cambridge, 1908), 142.

[40] L. Febvre, *Life in Renaissance France* (1925; English trans. Cambridge, MA, 1977).

是个有问题的‘主体’，必须在其存在的过程中发明自己和维护自己。”墨西哥历史学家埃德蒙多·奥戈曼（Edmundo O’Gorman）的著作《发明美洲》（*The Invention of America*）出版于1958年。他提出的论点是，美洲的发现没有第四大陆的观念那么重要。这句话在当时听起来显得与众不同，但现在似乎已经变成了常识。

然而，建构的观念现在已被大大地向前推进了一步。法国人类学家让-鲁普·安塞勒（Jean-Loup Amselle）在一本有关非洲认同的著作《梅斯蒂索人的逻辑》（*Mestizo Logic*，1990）中论证说，不应当把富拉尼人（Fulani）[41]或班巴拉人（Bambara）[42]看作部落，甚至不应当将他们看作种群，而应当看作“转变系统”中的一部分。他提出了这样一种观点：在这些群体之间根本不存在明确的文化边界，而每个个人都有流动的认同或多重的认同，依据环境的不同而将自己区别于“他者”。认同持续在重构中，甚至在协商中。

建构主义反对把文化或社会群体简单地看作同质体，并且与外部世界清楚地划分开来。建构主义做出的这种反应值得称赞。安塞勒和其他学者对“本质主义”的批评不仅适用于富拉尼人那样的文化群体，或适用于资产阶级那样的阶级，还适用于像文艺复兴、宗教改革、浪漫主义、印象主义等运动或时代。尽管如此，文化建构的观念也提出了一些远未得到解决的问题，其中有三个问题特别突出：谁在进行建构？在什么范围内建构？从何处建构？

“谁发明了爱尔兰？”德克兰·基伯德（DeclanKiberd）在他的著作

---

〔41〕 富拉尼人是非洲的一个族群，主要居住于西部非洲尼日利亚一带，亦称富尔贝人。——译注

〔42〕 西非黑人的总称。——译注

《发明爱尔兰》(*Inventing Ireland*,1996)中一开始就提出了这个问题。他指出,流亡海外的爱尔兰人为爱尔兰民族观念的形成所做出的贡献是无与伦比的,但英格兰人也为这一建构工作提供了“帮助”。再以“东方人”为例。西方人作为与东方人对立的一方在建构东方人的过程中所起的作用十分明显。但问题是,不同类型的西方人,如旅行者、学者、传教士、官员等等,所起的作用在重要程度上并不相同。这个问题至今还没有得到圆满的解决。同样,个人和集体发明的相对重要性问题,通过创造性接受来实现集体创造性的途径问题,都没有得到圆满的解决。 102

第二个问题涉及建构过程可能受到的文化和社会限制。对此,有一点可以肯定,那就是并非任何事情在任何时候都是可以想象的,比如说,当一部分西属美洲人从西班牙手中获得了独立之后,他们不可能任意地发明出一个他们想要的阿根廷。文化建构的观点固然是针对经济和社会决定论而做出的一类有益的反应,并作为其中的一部分而发展起来的,但必须防止矫枉过正。历史学家需要探究文化可塑性的限度,而这种局限有时被经济因素所决定,有时被政治因素所决定,有时被文化传统所决定。尽管这些限度可以改变,但这种改变也只能就一定的程度而言。

第三个问题涉及文化建构所依据的材料。将文化建构看作从无到有(*ex nihilo*)的过程无疑是错误的。事实上,埃里克·霍布斯鲍姆在《传统的发明》一书的导论中,已经提到了文化建构可以“利用古代的材料”。沿着这个方向再往前走一步,我们可以从宇宙哲学家那里借来一个术语。因此我想提出这样一个看法,我们传统上所说的传统的继承(或者如布尔迪厄所说的“传统的再生产”),更多地是指一个“不断创造”的过程。可能的传承者无论怎样看待他们所做的事情,将文化传递给新一代的过程必然是个重建的过程,也就是列维-施特劳斯所说的“利用手头现有材料来重新拼凑”（bricolage）的过程，或塞尔托所说的、我们也已经看到过的“再利用”（re-employment）的过程。

在文化相遇的过程中，尤其是当外来客要将一个新区域纳入自己的帝国之中时，这样的过程就会被激活。例如，英国的印度历史学家在谈到印度教的“发现”时就是如此。不过他们发现的是当地各种崇拜的集合体，他们把这些崇拜与一些印度教糅合到一起，转变成了一个新系统，成为一种世界宗教。在这种情况下，“发现”或“创造”似乎都不适用于这种情况，这一过程是处于两种模式之间的某个位置。[43]

这一过程所受到的推动力一部分来自某种需要，即让旧的观念去适应新环境的需要；一部分则来自传统的形式与新信息之间的张力；还有一部分来自所谓的“传统的内在冲突”，也就是一方面试图为解决人类面临的问题而寻找普遍的解决方案，另一方面却存在着当时条件下的必然性或逻辑性，这两者之间构成了冲突。例如，宗教运动或政治运动的缔造者与追随者之间存在不可避免的差异。这导致了文化的多极状态。缔造者传递的信息往往是比较模糊的。例如，往往有人这样说，缔造者们之所以能够取得成功就是因为他们向人们表达了太多的信息，而每当追随者试图去诠释缔造者的信息时，潜在矛盾便暴露出来了。[44]

103

进一步深入地考察这一过程是将来的任务。下一章所讨论的是文化史的未来将要面临的问题。

---

〔43〕 Peter J. Marshall, *The British Discovery of Hinduism in the Eighteenth Century*(Cambridge, 1970); David N. Lorenzen, *Who Invented Hinduism*? (New Delhi, 2006).

〔44〕 Benjamin Schwartz, ‘Somme Polarities in Confucian Thought’, in David Nivison and Arthur Wright(eds.), *Confucianism in Action*(Chicago, 1959), 50-62; J. C. Heesterman, ‘India and the Inner Conflict of Tradition’(1973; repr. in *The Inner Conflict of Traditions*, Chicago, 1985), 10-25.

第六章　超越文化转向？

“新文化史”这一术语在20世纪80年代末被发明出来时，似乎是个很好的想法；同样，“新史学”一词在20世纪的头十年于美国被创造出来时也是个很好的想法。遗憾的是，创新是一种易逝的东西。时至今日，“新”文化史已经30多岁了。如果检视一下本书的书末所附的按出版时间排列的书目清单，就可以看出它实际上超过了40岁，因为真正的突破发生在20世纪的70年代初，即这一术语发明的十多年以前。这份书目还可以表明，创新性的成果在20世纪80年代依然产量很高，例如，只要看一下1988年首次出版的这一类著作所涉及的范围以及它们的质量，就会相信此言不虚。但进入20世纪90年代以后，新文化史开始渐入颓势。显然，21世纪初是新文化史得到公认的时刻，它正在清点自己的库存，夯实自己的阵地，而这正是本书所做的事情。但是，这里必须指出，类似这样一种清点库存的工作，一般来说总是在一种文化运动最富有创造性的阶段结束之后。 104

关于这一点，这里还需要补充一个事实，那就是新文化史现在已经成了众矢之的。因此，有一个问题是无法回避的：新文化史的新阶段是否应当来到？换句话说，这个新阶段是否已经开始了？也许，我们还可以换一个方式来提出这个问题：接在它之后而来的将是一个更激进的运动呢，还是恰恰相反，也就是说，是否将会看到新文化史在形式上会更加接近传统的历史学？

105 像通常一样，区别也要按一定秩序进行。我们必须把想要发生的事情与可指望发生的事情区别开来，同时也要将短期的趋向与长期的趋向区别开来。当然，最难预测的莫过于长期趋势，即使我们可以从过去的经验中认识到，未来绝不会是过去趋势的简单继续。我们还必须考虑到对这些趋向可能做出的反应，其中包括回归过去的可能性，尽管我们知道简单地回归过去是不可能的。

也许当前最有益的做法是讨论一下有可能出现的几种情况。一种可能可以称作“布克哈特的回归”。在这里，布克哈特的名字是当作一个符号来使用的，为的是用一个比较简明的方法来表明传统文化史的复兴。第二种可能是新文化史继续向更多的领域扩张。第三种可能是针对建构主义者将社会归约为文化的做法所做的反拨，也可以称作“社会史的报复”。

一　布克哈特的回归

从某种意义上讲，我们说布克哈特的回归是不恰当的，因为这位老人至今尚未离开这个领域。也就是说，即使是在 20 世纪 70 年代和 80 年代人们对大众文化的热情极为高涨的时候，过去的那种高雅文化史，诸如文艺复兴时期的文化史或启蒙运动时期的文化史，只不过是在学术资源的竞争中处于了劣势，却从来没有被人们抛弃。

在这方面，安东尼·格拉夫顿（Anthony Grafton）为文化史学家提供了一个著名的范例。他的学术著作集中讨论了文艺复兴时期以及此后的古典传统的历史。当然，他对阅读史也做出了贡献，并通过《脚注》（*The Footnote*，1997）一书，考察了脚注与历史学这一行当使用的技巧、意识形态之间的关系。

在这一时期用英语出版的文化史著作中，最优秀的著作之一是卡尔·休斯克的《世纪末的维也纳》。这本书以阿图尔·施尼茨勒(Arthur Schnitzler)和雨果·冯·霍夫曼斯塔尔(Hugo von Hoffmannsthal)等作家，古斯塔夫·克里姆特(Gustav Klimt)和奥斯卡·柯柯施卡(Oscar Kokoschka)等艺术家，以及西格蒙德·弗洛伊德和阿诺德·勋伯格(Arnold Schoenberg)等学者为研究对象。根据休斯克的说法，这本著作研究的主题是现代性，而现代性被他定义为19世纪历史主义的对立面。因此，这本历史著作写的就是他所说的"一种历史文化"的历史。作者对这一历史运动给出的解释在本质上是政治性的，他将其与"社会与政治解体的震颤"联系在一起，与担负着理性、现实主义与进步的自由主义的衰落联系在一起。这些价值观念正是休斯克笔下的人物所反对的，区别只是方式不同，例如，弗洛伊德的反叛方式是强调心理的非理性力量，克里姆特的方式是与现实主义相决裂而蓄意攻击资产阶级的道德观等。

106

至少在最近的将来，文化史可能出现这样一种前景，即重新对高雅文化的历史给予重视。确实，今天有许多地方从事文化研究和教学，但"文化研究"当中根本没有高雅文化的地位。假如高雅文化的复兴或回归得以实现的话，大众文化史也未必就会衰落，虽然"大众文化"这一概念已经受到了质疑。这两类文化史有可能并存，它们之间的相互交流也会引发人们越来越强烈的兴趣。的确，高雅文化的框架有可能重构，甚至出现散化，比如着重研究各种不同的社会群体对启蒙思想的接受，或着重研究文艺复兴运动的归化现象(domestication)。也就是说，不仅研究文艺复兴运动对绘画和宫殿设计产生的影响，而且着重研究它对日常生活中的椅子和餐盘的设计产生的影响；不仅研究它对哲学史产生的影响，而且着重研究它对心态史产生的影响。事实上，这样的重心转移已经出现了。[1]

新文化史的一些著名范例，例如金兹堡的《奶酪与虫子》，可以从这种观点出发来重新阅读。对16世纪的意大利，也许有许多人并不会感到特别的兴趣，但他们依然会被书中生动描述的人物及其宇宙观所吸引。不过，我们还可以把这本书看作对一场重要的文化运动的历史研究做出的贡献，可以从反宗教改革运动如何被接受的角度，从与传统大众文化相互影响的角度来重新阅读它。简言之，就像文化史中经常发生的事情一样，这种回归过去的努力将会产生出某种新东西。曾出现的一种试图复兴传统观念的努力，也是对传统观念的重新定义，结果二者殊途同归。[2]

二 政治、暴力与情感

107 第二种前景是新文化史将扩张到更多的领域，其中包括以前被忽视的领域：政治、暴力与情感。

政治的文化史

政治与文化之间的联系方式远不止一种。休斯克在《世纪末的维

---

〔1〕 Peter Thornton, *The Italian Renaissance Interior*(1991); Peter Burke, *The European Renaissance: Centres and Peripheries*(Oxford, 1998), esp. ch. 5; Marta Ajmar-Wollheim and Flora Dennis(eds.), *At Home in Renaissance Italy*(2006); Maya Corry, Deborah Howard and Mary Laven(eds.) *Madonnas and Miracles: the holy home in Renaissance Italy*(Cambridge, 2017).

〔2〕 Mark S. Phillips and Gordon Schochet(eds.), *Questions of Tradition*(Toronto, 2004).

也纳》一书中探讨了它们之间的一整套可能的联系方式。还有另一种研究方式,可以称作文化的政治学。这种方式涉及的范畴很广,宣传统治者参加集体活动以显示他们的威严和高雅趣味,19世纪以民族或民族主义为理由建立的美术馆、博物馆和剧院,均在其中。

文化的政治学有时对那种称作“文化控制”的东西给予关注,这种现象在19世纪和20世纪表现得特别明显。例如,尤其在1930年到1945年,瓦加斯总统当权时期的巴西政府对民族文化十分关注,虽然一些研究表明,那也是一个“文化战争”的时代,不仅政府各部门之间展开了竞争,不同建筑风格之间也以表现民族特性为名义而展开了竞争。[3]

然而,这里最应得到注意的却是政治的文化。如果说文化史家一向忽视政治,或者说政治史家完全忽视了文化,这都是一种误导。政治在传统的文化史中已经占有一席地位,其中包括布克哈特的著作把文艺复兴时期的国家当作艺术品来加以论述;马克·布洛赫也论证过法国和英国君主们有治愈疾病的力量;还有许多学者讨论过象征君主制的符号,例如王权的标志,国王的加冕典礼、葬礼或正规的入城仪式;等等。

在政治研究中,也有一些著名人物早在几十年前就经历了文化转向,考察了现在和过去的政治仪式或准政治仪式,以及政治行为中其他符号性的方面,其中包括《作为符号行为的政治》(*Politics as Symbolic Action*, 1971)的作者默里·埃德尔曼(Murray Edelman)。此外,F. S. L. 莱昂斯对爱尔兰充满坎坷的政治史提供的文化解释,本书在第三章已经做过讨论。 108

〔3〕 Daryle Williams, *Cultural Wars in Brazil: The First Vargus Regime*, 1930-1945(Durham, NC, 2001).

尽管如此，每当一些新的术语开始被使用的时候，通常都标志着兴趣或取向发生了转变。“政治文化”这一概念的出现反映了将这两个领域联系起来的需要，并且把注意力集中在不同人群的政治态度或主张以及这些态度形成的方式上。“政治文化”这个术语在20世纪60年代开始被政治学家所使用，但似乎到了20世纪80年代末才进入历史学家的话语。基思·贝克尔（Keith Baker）写过一本著作《旧制度下的政治文化》（*The Political Culture of the Old Regime*, 1987）。根据这个书名来判断，“政治文化”一词既可以用来指整个国家，也可用来指某种群体，如妇女。

新文化史的著名学者林恩·亨特的著作《法国大革命中的政治、文化与阶级》（*Politics, Culture and Class in the French Revolution*, 1984）是对法国革命的研究。她把注意力集中在政治文化上，论证了“政治行为规则”发生的变化，并用专门的篇幅讨论了新的“符号实践”，并采用了福柯的研究方法。这些“符号实践”的范围很广，从公众节日的舞蹈，佩戴三色帽花或红色的自由帽，人人相互致敬时都说“你”（tu）或“某某公民”（citoyen[ne]），以象征平等和博爱，直至用一些细微的手势来表达促成这些理想实现的愿望。作者承认，她原本想把这本书写成政治的社会史，但后来却变成了一本文化史。确实，作者对妇女和男人参与新政治文化的方式做出了仔细区分，显然这与这位过去的社会史学家一贯的做法大不相同。

将政治史和文化史融为一体进行的研究还有一个例子。这就是拉纳吉特·古哈（Ranajit Guha）所领导的、以印度为基地的庶民研究小组（Subaltern Studies Group）创作的集体成果。这个小组拟订了一项计划，要重写印度的历史，尤其是1947年以前印度争取独立运动的历史。然而，这项计划引发了一场广泛的辩论，因为这项研究计划的目的是让被统治的各种不同的群体(葛兰西过去常把他们称作“下层阶级”)与精英们平起平坐,取得他们应有的历史地位,而在过去的印度独立史中,人们看到的只有精英们的活动。在这一方面,爱德华·汤普森的著作对他们始终起着鼓舞的作用,因为汤普森的父亲曾经在印度工作过,对独立运动寄予了同情。[4]

109 庶民研究小组出版的著作形成了自己的特色,那就是重视政治文化,尤其是重视能说明“庶民状况”的文化。官方文件和文学著作都被他们用作史料来描述“庶民的心态”。在这一方面,又是爱德华·汤普森为他们树立了榜样,诚然,这个小组与汤普森有一些不同的地方。该小组的成员对文化理论始终抱有强烈的兴趣,其中包括对列维-施特劳斯、福柯和德里达的著作。

如果要用具体例子来说明这个小组的研究方法,不妨看一看沙希德·阿明(Shahid Amin)对甘地在“农民意识”中的形象所做的研究。他着重强调了甘地的形象是通过“大众信仰的前存模式”这样一种方式形成的(我们在这里再一次看到了历史学家对图式的兴趣)。一方面,在当时的印度流传着一些故事,叙述了甘地有超自然的力量;而另一方面,农民对这位领袖的崇拜,实际上是信奉克利须那(即黑天,毗湿奴的化身)和其他神祇的世俗翻版。对于本书在第五章中提出的有关传统传承的一些问题,阿明的这本著作提供了生动的说明。一方面,我们可以说宗教传统被世俗化了;但另一方面,政治态度和实践显然又受到了宗教信仰的深刻影响。看来,阿明所分析的这一进程最好表述

[4] 这一小组的代表作,见 Ranajit Guha and Gayatri Chakravorty Spivak, *Selected Subaltern Studies* (New York, 1988)。相关讨论,参见 Vinayak Chaturvedi (ed.), *Mapping Sulbaltern Studies and the* Postcolonial (2000)。

为“文化杂交”，而不要用“传统的现代化”来描述。[5]

由于国际上出现了对后殖民主义研究的兴趣，在这股力量的推动下，这一运动已经在印度以外的一些国家引起越来越多的关注。有一个名叫“拉丁美洲庶民研究小组”的组织宣告成立。与此同时，1996 年发表的一篇文章考察了“庶民的研究方法”对爱尔兰的历史研究产生的影响。[6] 庶民研究小组的成果被人们所接受也充分说明，今天的历史写作已经全球化了。与此同时，这个例子也充分说明今天的政治与文化的联系绝不亚于过去。它还可以说明，某些思想在它们的原发地之外的环境下被运用经历了怎样的过程及其接受检验的情况。

尽管有这样一些政治文化的研究成果已经出版了，但仍有一些重要的主题有待文化史学家们去研究。有关政治与媒体之间联系的探讨还刚刚开始，例如对“新闻文化”的研究，包括对英国内战期间“新闻书”的作用以及对宫廷丑闻的政治所做的研究。[7] 关于 19 世纪和 20 世纪的历史研究，新文化史提供了特别明显的机会，因为新文化史学家的主体一直是研究中世纪和近代早期的专家们。据我所知，至今为止还没有人打算写一本有关议会的历史人类学著作，或者有关现代外交使团及其礼仪的专著，尽管已经有人完成了对民族主义时代的节庆活

110

---

〔5〕 Shahid Amin, ‘Gandhi as Mahatma’, in Guha and Spivak, *Studies*, 288-348.

〔6〕 有关拉丁美洲的情况，见 John Beverley, *Subalternity and Representation* (Durham, NC, 1999)；参见 David Lloyd, ‘Irish New Histories and the “Subalternity Effect”’, *Subaltern Studies* (9, 1996), 261-77。

〔7〕 Joad Raymond, *The Invention of the Newspaper: English Newsbooks 1641-1649* (Oxford, 1996); Alastair Bellany, *The Politics of Court Scandal in Early Modern England: News Culture and the Overbury Affair, 1603-1660* (Cambridge, 2002).

动的研究。[8]

暴力文化史

可以说到目前为止还没有出版过关于现代军队的历史人类学的著作，但至少已经有人从身体史的角度对第一次世界大战进行研究。军事史学家约翰·基根(John Keegan)曾以研究战争的社会史而闻名，而他现在把战争当作一种文化现象来看待。尤其是对第一次世界大战的研究，已经有人从文化视角去进行讨论，例如重点讨论了战争的威胁对1914年的那一代人的成长所产生的影响，或者着重探讨战争所产生的文化效果，其中包括战争与现代性之间的关系。[9]

研究城堡的历史学家也经历了文化转向。他们抛弃了军事决定论，也就是说抛弃了原来那种单纯从防御的角度去解释城堡建筑的做法，转而强调城堡在显示财富和实力以及在招待宾客等方面所起的重要作用，换句话说，就是把城堡当作剧场来研究。甚至连海军史也开始从这个角度进行研究，例如已出版的一本著作把北海当作一个“海事剧场”来对待。1900年前后，英德两国正是在这个“剧场里表演了海军

---

〔8〕 Oliver Ihl, *La Fête républicaine*(Paris, 1996); Matthew Truesdell, *Spectacular Politics: Louis Napoléon and the fête impériale*, 1849-70(New York, 1997); Lucien Bély, *Espions et ambassadeur au temps de Louis XIV*(Paris, 1990), especially Part 2. 最后一本书是有关1700年前后外交的文化史著作。

〔9〕 Robert Wohl, *The Generation of 1914*(Cambridge, MA, 1979); Modris Eksteins, *Rites of Spring: The Great War and the Birth of the Modern Age*(1989); Jay Winter, Sites of Memory, *Sites of Mourning: The Great War in European Cultural History*(Cambridge, 1998); Winter, *War Beyond Words: Languages of Remembrance from the Great War to the Present*(Cambridge, 2017).

的壮观场面，实际上就是英德间军备竞赛当中的文化方面”[10]。

同过去相比，现在暴力的主题引起了文化史学家更多的注意，其中的原因非常简单。如果有人说暴力也有文化史，听起来似乎会让人大吃一惊，因为在人们的眼中，暴力往往就像火山的爆发，表现出了人类身上与文化毫不相关的那种冲动。如果有人说暴力是一种戏剧，那更是奇谈怪论，因为暴力意味着真正的流血。

然而，拿战争与戏剧类比，关键所在并不是要否认流血。荷兰的人类学家安东·布洛克（Anton Blok）指出，解读暴力者传送出来的信息非常重要，正是他们的行动所带有的符号因素（甚至连他们本人都没有意识到其中的符号性）触及了这一关键问题。使用文化的研究方法去探讨暴力，关键是要揭示那些从表面上看来“无意义”的暴力中含有的意义，即制约使用暴力的规则。正如基思·贝克尔（Keith Baker）所说：“暴乱者捡石头的动作如果离开了符号层面赋予它的意义，那就比牧师拿起圣杯的动作更难理解了。”因此，有些历史学家吸收了人类学家玛丽·道格拉斯和维克多·特纳的著作中提出的观点，把19世纪美国南方发生的处死奴隶的私刑当作“道德剧”来研究，把1647年发生在那不勒斯的暴乱当作“社会剧”来研究。[11]

111

---

[10] Charles Coulson, ‘Cultural Realities and Reappraisals in English Castle Studies’, *Journal of Medieval History*(22, 1996), 171-207；关于英德两国海军的壮观场面，Jan Rüger, *The Great Naval Game*(Cambridge, 2007)。

[11] Keith Baker, *Inventing the French Revolution*(Chicago, 1990), 13；Bertram Wyatt Brown, *Southern Honour*(New York, 1982)；Peter Burke, ‘The Virgin of the Carmine and the Revolt of Masaniello’(1983；repr. in *Historical Anthropology of Early Modern Italy*, Cambridge, 1987, 191-206)；至于总体性的论述，见 Anton Blok, ‘The Meaning of “Senseless” Violence’, in *Honour and Violence*(Cambridge, 2001), 103-14。

16世纪下半叶法国宗教战争中的群众暴力引起了历史学家的特别关注。同其他领域一样,这项研究的开拓者也是娜塔莉·戴维斯。正是对纳粹德国对犹太人的大屠杀,以及对20世纪60年代的政治暴力的思考,鼓励了她用新的眼光去看待16世纪的历史。法国的一些历史学家,尤其是德尼·克鲁泽(Deni Crouzet)仿效了她使用的这种方法。[12]

尽管这些历史学家在许多观点上存在着分歧,但也有许多共同之处,尤其是在戴维斯和克鲁泽之间。他们都注意到了年轻人,甚至包括男孩,在暴力行动中起到的重要作用。他们的行动有时被解释为节日期间的开禁,有时被解释为儿童与无知的传统有密切的联系。然而,他们都从文化的角度重构了各种暴力行为的现成手段,并开列出了一份清单,暴行的参与者可以从这份清单中选择自己喜欢的暴力手段。他们发现在这个清单中,有一部分行为源自宗教的礼拜仪式,有一部分源自司法仪式,还有一部分源自当时的神秘剧。他们还吸收了米哈伊尔·巴赫金提出的有关节日暴力的思想,讨论了暴乱行为中带有的游戏成分或狂欢成分。

他们还考虑了暴力事件中的宗教意义。克鲁泽将暴乱者比喻为在宗教仪式的过程中被神灵或幽灵"附体"的人。戴维斯提出,我们应该将暴乱当作一种涤罪仪式来解读,它的目的是试图涤除该社区所遭受的污染。只要回顾一下本书第五章讨论过的那种表演,我们可能也会

---

[12] Natalie Z. Davis, 'The Rites of Violence' (1973; repr. in *Society and Culture in Early Modern France*, Stanford, 1975), 152-88; cf. Pallares-Burke, *The New History*; Janine Garrisson-Estèbe, *Tocsin pour un massacre* (Paris, 1968); Emmannuel Le Roy Ladurie, *Carnival: A People's Uprising at Romans, 1579-1580* (1979; English trans. 1980); Denis Crouzet, *Les Guerriers de Dieu* (Paris, 1990).

同意，暴力行动是想通过把驱逐外来者的行为戏剧化，并以这样方式来推动其共同体的建设。[13]

112

因此，我们完全有理由期待有关种族清洗的著作将会出版，或许，一种可以称作"恐怖主义文化史"的著作也将会出版。[14]

情感的文化史

上一节所讨论的暴力是一种强烈情感的表达。那么，情感也有历史吗？尼采认为有。他在《欢乐的科学》（*The Gay Science*，1882）一书中抱怨说："迄今为止，并不是每一种被赋予了色彩而存在的东西都有它们的历史……人们到哪里才能够找到爱情的历史、贪婪的历史、妒忌的历史、良心的历史、怜悯的历史或残忍的历史呢？"

在前面几章所讨论的那些历史学家当中，有些人肯定会同意尼采的观点。第一位就是雅各布·布克哈特，因为他的著作中已经提到了文艺复兴时期意大利的妒忌、愤怒和爱情，而尼采本人虽然与这位作者熟识，却没有注意到这一点。[15] 约翰·赫伊津哈在《中世纪之秋》中也说"那个时代充满激情和狂暴的灵魂"，指的就是那个时代的个人带

---

〔13〕 David Niremburg, *Communities of Violence: Persecution of Minorities in the Middle Ages*(Princeton, 1996).

〔14〕 就在本书的第一稿写完这段话的几个星期之后，《年鉴：历史、社会科学》杂志发表了2002年的一期专号，以"恐怖主义的文化"为主题，并集中论述了法国革命期间的恐怖主义。

〔15〕 Peter Burke, 'Is There a Cultural History of the Emotions?' in Penolope Gouk and Helen Hills(eds.), *Representing Emotions*(Aldershot, 2005); Gail K. Paster, Katherine Rowe and Mary Floyd-Wilson(eds.), *Reading the Early Modern Passions: Essays in the Cultural History of Emotion*(Philadelphia PA, 2004).

有情绪激荡和缺乏自控的特征。20 年之后，诺伯特·埃利亚斯以赫伊津哈的著作为基础，着手研究情感的文化史，其中专门论述了努力控制情感是“文明化进程”中的一部分内容。

尽管有了以上的一些例子，但大多数历史学家认真地对待情感还是近来才出现的事情。例如，在 20 世纪 80 年代以前，眼泪史几乎是不可想象的，至少在某些法国历史学家的圈子以外是难以想象的，但是，眼泪今天已经被看作历史的一部分。更为特别的是，有人居然在研究 18 世纪末“情感革命”的历史，指的是读者读了卢梭的著作会潸然泪下的那种环境。〔16〕

在说英语的世界里，对情感史产生的兴趣应当特别归功于彼得·盖伊、西奥多·泽尔丁（Theodore Zeldin）和斯特恩斯夫妇（Peter Stearns，Carol Stearns）。泽尔丁最初研究的是拿破仑三世时代的政治，后来转向研究他所说的 19 世纪法国人的野心、爱情、焦虑以及其他情感的“隐秘史”（这个词是他从龚古尔兄弟那里借用的）；而彼得·盖伊则在完成了心理分析学的学业之后，从研究理性时代的思想史转向研究 19 世纪资产阶级的爱情与憎恨的心理史。〔17〕 113

至于斯特恩斯夫妇，他们共同发表了历史“情感学”（emotionology）的宣言，出版了若干本关于愤怒与忌妒的专著，还有一本通论性的著作《美国之“酷”》（*American Cool*，1994），在其中讨论了 20 世纪初期美国情感“类型”的变化。他们指出，在这一期间发生了三种类型的变化：

---

〔16〕 Anne Vencent-Buffault, *The History of Tears*（1986; English trans. 1991）; Piroska Nagy, *Le Don des larmes au Moyen Age*（Paris, 2000）; Lynn Hunt and Margaret Jacob, ‘The Affective Revolution in 1790s Britain’, *Eighteen-Century Studies*（34, 2001）, 491-521.

〔17〕 Theodore Zeldin, *France 1848-1945*, 2 vols（Oxford, 1973-7）; Peter Gay, *The Bourgeois Experience*, 5 vols（New York, 1984-98）.

一种是重点向一般性情感转移的变化；第二种是各种情感的相对重要性发生了变化；第三种是控制或“管理”情感的方式发生了变化。

威廉·雷迪（William Reddy）在《感情研究指南》（*The Navigation of Feeling*, 2001）一书中提出了另一种框架。雷迪吸收了人类学和情感心理学的观点，提出了一整套相互关联的概念。与斯特恩斯夫妇一样，雷迪也强调个体和社会两个层面上的情感“管理”，或者如同他本人说的情感“导航”。与这些观念有关的是他提出的“情感体制”（emotional regime）思想。然而，他的研究方法可以证实，近来确实出现了“行为话语的转向”（performative turn，见第五章）。雷迪从“行为话语”的角度讨论了情感语言。例如，宣布爱情并不是或不只是一种情感的表达，它还是一种策略，用来鼓励、增强甚至扭转被爱者的情感。

这些观点将会产生什么样的影响，目前还有待于做一番梳理。我们可以暂且将这个问题放在一边。然而，它也可能说明研究情感的历史学家正在面临一个根本性的困境。也就是说，他们必须做决定，自己想成为最高纲领派还是最低纲领派，也即他们究竟相信情感是历史性还是非历史性的。前者认为，在某个特定的文化中，具体情感或整套情感（即斯特恩斯夫妇所说的当地的“情感文化”）会随着时代的根本变化而发生变化；后者相信情感在不同的时期基本上保持不变。他们必须做出选择，两者必居其一。

在这种两难的处境下，有些学者选择了最低纲领。他们不得不把自己的研究对象限制在对待情感的自觉态度上。然而，他们写出来的历史却是地地道道的思想史（intellectual history），而不是真正的情感史。另一方面，也有一些学者选择了最高纲领。这部分学者更具创新性，但也必须为此付出代价，也就是说他们的结论更难得到史料的支持。从留存下来的档案中并不难找到关于人们如何对待愤怒、恐惧、爱

114

情等情感的自觉态度的证据,但是,就一个较长的时段内发生的基本变化而做出的结论,必定会留有更大的思考空间。

古典学者埃里克·多兹(Eric Dodds)在一本有名的著作《焦虑时代的异教徒与基督教徒》(*Pagan and Christian in an Age of Anxiety*, 1965)中,从他的朋友、诗人 W. H. 奥顿(W. H. Auden)那里借用了一个词汇,把古典时代的晚期描述为"焦虑的时代"。书中处处展现了他的深邃见解。他在集中论述宗教经历的同时,也讨论了梦境以及对待身体的态度。但是,对于该书的题目所引起的一个问题,作者却没有动手去加以解决:某个历史阶段中的人们比另一个历史阶段中的人们有更多的焦虑呢,还是他们因不同的焦虑而都受到煎熬呢?即使这是事实,历史学家能找到证据让这一结论成立吗?

感觉的文化史

在对情感的历史发生兴趣的同时,人们对感觉的历史的兴趣也不断上升。对视觉的研究其实早已形成了传统,例如史密斯的著作《欧洲人的视野与南太平洋》(*European Vision and the South Pacific*, 1959年)和巴克森德尔(Baxandall)的著作《15 世纪意大利的绘画与经验》(*Painting and Experience in Fifteen-Century Italy*, 1972),何况在福柯的启发下还出版了一批研究"审视"(gaze)的著作。在约翰·赫伊津哈和弗雷尔遗留下来的著作中,偶尔也提到了过去的声音,因为他们在书中描述了殖民地时期巴西的大豪宅里,不时传来裙子在楼梯上发出的唰唰声。至于嗅觉的历史,仍然要看一看弗雷尔的著作。他在书中描绘了 19 世纪巴西的卧室中散发的混合气味,脚气味、湿气味、尿液气味和精液气味混合在一起。然而,在上一代史家那里我们能看到更大胆的尝试,他们试图更加细致地描绘出所有的感觉。

例如,西蒙·沙玛在《伦勃朗的眼睛》(*Rembrandt's Eyes*,1999)一书中以他特有的胆量,就像要让我们的五官能亲身感觉到的那样,呈现出17世纪的阿姆斯特丹市。他让这座城市的气味重新呈现在读者面前,尤其是盐、腐朽的木头和夜粪的气味,在书中的某些地方,读者似乎还可以闻到香草和香料的气味。他还描述了这个城市里的声音:许多时钟报时发出的和谐鸣响,运河的水花拍打桥墩的噼啪声,锯木头的声音,还有在他所说的"铿锵作响的地带"即制造武器的地方,铁锤击打金属发出的不绝于耳的声音。读者也许会感到惊讶,如此真切的描写是否有史料可凭。因此,这里要特别提到游记在这方面的特殊价值,因为旅游者对那些他们不熟悉的感觉特别敏感。

115

在近几年出版的著作中,被描述得最多的领域是气味和声音,这里值得一提的是法国历史学家阿兰·科尔班(Alain Corbin)所做的描述。他的著作《恶臭与芳香》(*The Foul and the Fragrant*, 1986)研究了这位作者所说的"法国的社会想象"。他重点讨论了感觉的模式、敏感性、气味的符号性以及卫生习惯。科尔班创造性地采纳了诺伯特·埃利亚斯的观点,将一些习惯与19世纪初能够容忍难闻气味的"门槛"不断下降的现象联系起来,当时的资产阶级对"穷人身上发出的恶臭气味"表示反感。正如另一位学者所指出的,"气味带有文化",也就是说"气味当中注入了文化价值"。这就像气味有历史一样,因为它与随着时间推移而发生的变化有关系。

随着科尔班的著作以及帕特里克·聚斯金德(Patrick Süskind)的《香水》(*Perfume*,1985)问世,这一主题立刻吸引了更多的历史学家。《香水》以18世纪的法国为背景,讲述了一个人痴迷于气味的故事。到目前为止,这些历史学家的研究主要集中在20世纪去味化的"气味文化"与以前各个时代的气味文化之间的差异上。可以期望,随着研究的不断进展，研究气味在其他方面区别的著作也将会出现。[18]

在《大地的钟声》(*Village Bells*,1994)一书中，科尔班从研究气味的历史转向研究声音的历史。这本书的内容是他所说的“声音景观”(le paysage sonore)的历史和感觉的文化(culture sensible)。恰当地说，这个领域本应当由另一位法国历史学家来开创，那就是吕西安·费弗尔，因为他早在20世纪40年代就提出，16世纪是耳朵的时代。在不同历史时期，哪种感觉占据优先地位，这种争论现在看来不会有任何结果，但科尔班证明，声音的历史可以用另一种方式来书写。例如，他提出了这样一个观点，在以前，钟声在不同的人们听来并不相同，因为这与虔诚的态度有联系，又与乡土观念有联系，也就是法语中的所谓“钟声的灵魂”(l'esprit de clocher)。随着这些联系的逐渐弱化，人们能够容忍钟声的“门槛”提高了，开始对侵入他们耳朵的钟声表示反对。至于气味，科尔班也稍微地走在他那个时代的前面，不过，研究声音的历史著作现在已经出版了许多。[19] 116

---

〔18〕 Hans J. Rindisbacher, *The Smell of Books: A Cultural-Historical Study of Olfactory Perception in Literature*(Ann Arbor, 1992); Constance Classen, David Howes and Anthony Synnott, *Aroma: the Cultural History of Smell*(1994); Mark Jenner, 'Civilization and Deordorization? Smell in Early Modern English Culture', in Peter Burke, Brian Harrison and Paul Slack(eds.), *Civil Histories: Essays Presented to Sir Keith Thomas*(Oxford, 2000), 127-44; Robert Jütte, *A History of the Senses*(Cambridge, 2004); Jonathan Reinarz, *Past Scents: historical perspectives on smell*(Urbana IL, 2014); Robert Muchembled, *La civilisation des odeurs*(Paris, 2017).

〔19〕 Peter Bailey, 'Breaking the Sound Barrier: A Historical Listens to Noise', *Body and Society*(2,1996), 49-66; Bruce R. Smith, *The Acoustic World of Early Modern England*(Chicago, 1999); Jean-Pierre Gutton, *Bruits et sons dans notre histoire*(Paris, 2000); Emily Cockayne, *Hubbub*(New Haven, 2007); Aimée Boutin, *City of Noise: sound and 19th-century Paris*(Paris, 2015).

有关声音的大多数历史著作都着重讨论作者们所说的“喧哗之声”,但是音乐史也可以从这个方向切入,把它当作感觉史研究中的一种形式。詹姆斯·约翰逊(James Johnson)的《听在巴黎》(*Listening in Paris*, 1995)一书提供了一部18世纪和19世纪感觉音乐的文化史,从文本和画像的证据中得出了一个似乎有些矛盾的结论。他认为,在旧制度的末期出现了一种“听的新方式”。按照约翰逊的观点,听觉革命所包含的内容首先是指参加音乐会,而不是在剧场里交头接耳,或者四处张望,盯着看别的听众;其次是对声音的而不是对歌词的感情投入不断增强。说到这里,这本书再一次证实了前面讨论过的接受史学的转向(参见第四、五章)。18世纪后期巴黎的听众像当时的读者一样,尤其是像阅读卢梭著作的读者一样,也在歌剧院里或音乐厅里挥洒眼泪。从这个例子中我们获得的教益是,写这种通论性的感觉史比将它割裂为视觉史、听觉史、味觉史和诸如此类的感觉史更为重要。[20]

三　社会史的反扑

新文化史的扩张还可能会出现另一种前景,那就是引起对它的反抗。人们越来越深切地感觉到新文化史的帝国已经扩张过度了,那么多的政治领域和社会领域都沦入了“文化”之手。“从有关文化的社会史转变为有关社会的文化史”(就像夏蒂埃所提出的)这一思想并不会让每个人都感到高兴。文化建构的思想有时又可以解释为“主观主义认识论”的典型,不再重视史料的核实,而且相信“随便怎么

〔20〕 Mark S. Phillips and Gordon Schochet (eds.), *Questions of Tradition* (Toronto, 2004).

做都行”。[21]

反对新文化史,或至少是反对它的某些方面,或声称要反对它,也许可以解释为“钟摆”现象。这种现象在历史上发生的次数实在太多了,或者也可以把它解释为新一代学者需要给自己定位,表示他们要站在老一辈学者的对立面,也要得到阳光下的一块地盘;或者是因为人们越来越强烈地意识到,对于处在全球不平等中的西方,相比文化方面的解释,更需要的是经济、社会和政治方面的解释。

尽管如此,只有承认这种反对态度的产生根源于新文化史纲领中的弱点,才是老老实实的态度。新文化史中的一些问题需要经过一定时间才能逐渐暴露出来,在这个过程中当然也需要某些批评。除了前面一章讨论的建构主义的局限性以外,新文化史有三个特别严重的问题:文化的定义、新文化史遵循的研究方法、碎化的危险。

文化的定义一度非常狭隘,但现在又已经变得过分宽泛(参见第二章)。就目前而言,特别成问题的是社会史和文化史之间的关系。“社会–文化史”(socio-cultural history)一词已经成了“通用货币”。在英国,社会史学会在重新确定他们感兴趣的研究范围时,把文化包含了进来。现状可以说是社会史吞食了文化史,也可以说恰恰相反。但无论人们对此怎么说,我们所看到的是一种杂交类型的历史学诞生了。这种类型的历史学可以用不同的方式去实践,有些历史学家把重点更多地放在文化这一半,另一些历史学家则放在社会那一半。例如,研究阅读史的历史学家可以把注意力集中在具体的文本上,却并没有忘记

---

〔21〕 Stephen Haber, ‘Anything Goes: Mexico's “New” Cultural History’, *Hispanic American Historical Review*(79, 1999), 309-30. 该期刊登的其他文章继续进行这场辩论。见 Miguel A. Cabrera, *Postsocial History: AnIntroduction*(Lanham, MD, 2004)。

它们的读者的多样性;或者,他们也可以集中研究不同的读者群,但并不排除读者们阅读的内容。

目前,"社会的"与"文化的"这两个概念在使用时几乎完全可以互换,同时可以用它们来描述例如梦想史、语言史、幽默史、记忆史和时间史。将它们区别开来使用似乎更好一些,我个人倾向于对那些显得比较"自然"的现象的历史,例如梦想史、记忆史和时间史,保留"文化的"一词。相反,由于语言和幽默显然属于文化产品,所以用"社会的"一词去指研究这类历史的具体方法似乎更合适一些。

无论我们怎样使用这两个术语,都不能解决它们之间依然存在着的问题。一代人以前,文化转向的主要倡导者之一克利福德·吉尔兹在一篇题为"深描"(参见第三章)的文章中提到,文化分析面临"将会失去"与诸如经济结构和社会结构这样一些"生活的坚实表层相接触"的危险。他的预测无疑是正确的。因此,在我们这个可以称作"后后现代的时代"(past-postmodern age),希望能把这种联系重新建立起来。

不管建构主义者提出的"社会的文化史"的计划可能会有多么高的价值,都不可能取代文化的社会史,其中包括建构主义本身的历史。也许,超越文化转向的时刻已经到来了。正如维多利亚·博内尔(Victoria Bonnell)和林恩·亨特所建议的,社会史的观念不应当被抛弃,而应该被重塑。[22] 举例来说,研究阅读史的历史学家需要研究"诠释的各种群体",研究宗教史的历史学家需要研究"信仰的各种群体",研究实践史的历史学家需要研究"实践的各种群体",研究语言史的历史学家需要研究"言语各种群体",等等。事实上,本书在前面已经讨论,研究文本和

---

〔22〕 Victoria Bonnell and Lynn Hunt (eds.), *Beyond the Cultural Turn* (Berkeley, 1999), 1-32.

图像接受的那些著作通常都提出了一个重大的社会问题：是“谁”在接受？换句话说，哪些类型的人们在特定的场合和时间注视着这些对象。

围绕着定义而展开的争论与围绕着研究方法而展开的争论是联系在一起的。像20世纪70年代法国的“新史学”一样，新文化史也拓宽了历史学家的领域，正在寻找新的研究对象，例如气味与声音、阅读与收藏、空间与身体。传统的史料已经不足以实现这种研究的目的，类型较新的史料，如从小说到画像等等，已经被历史学家所征用。然而，新史料要求它们各自的史料考证方法。这里且举一例。把画像用作历史证据时，解读它们的规则是什么，至今尚不太清楚。[23]

此外，有一种观念认为，文化是人类学家和历史学家才能解读的一种文本。这个观点很有诱惑力，但也存在着深层的问题。无论如何，值得注意的是，历史学家与人类学家都使用解读一词，但解读的方法并不一样。正如罗歇·夏蒂埃所指出的，吉尔兹研究巴厘岛的斗鸡是通过观察具体的斗鸡场面以及与参与者的交谈，而达恩顿分析的屠猫所依据的是18世纪描述该事件的一份文本（参见第三章）。

解读的比喻中还有一个根本性问题，即它似乎允许直觉。当两个凭直觉感受的读者发生分歧时，谁的立场属于武断呢？难道不可能制定出解读的规则吗，或至少可以用它把误读识别出来？　119

在关于礼仪的研究领域中，有关的争论刚刚开始。一种批评试图把这一概念从研究中世纪早期的历史学家的词汇里剔除出去，并指出，人类学的模型与从9世纪或10世纪留存下来的文本互不相容。这一警告应当被认真对待，它意味着当我们打算把某些事件描述为“仪式”

---

〔23〕　也许，从彼得·伯克的《图像证史》（*Eyewitnessing*，2001）一书可以发现正在进行梳理这些规则的尝试。

的时候，就需要弄清楚这样做的标准是什么。但是，正如前面所指出的，如果我们从多少带有仪式化的实践的角度去思考，这个问题就解决了。[24]

总而言之，只考虑使用一种方法去探索某个主题将会导致文化史的贫困化，不同的问题需要不同的反应方式。事实证明，在文化转向的过程中被一些学者抛弃的计量方法不仅可以用于传统社会史的研究，也可以用于文化史的研究。例如，我们可以看到法国历史学家丹尼尔·罗什在他的著作中，无论是在研究学术史、书籍史，还是研究服饰史（参见第四章）的时候，都把定量与定性方法融洽地结合了起来。

第三个是碎化的问题。正如我们在第一章看到的，早期的文化史学家抱有整体论的雄心，喜欢把各种事情联系起来。在 20 世纪 80 年代，尤其是在美国，有些著名的文化史学家鼓吹，文化的研究方法将成为历史学碎化的补救措施，为“重新整合美国的史学提供一个可能的基础”。[25]

问题在于，无论在美国、爱尔兰，还是在巴尔干地区，文化所产生的作用似乎往往是一种促进碎化的力量。文化差异助长了爱尔兰的政治冲突，这一点前面已做过讨论（参见第三章）。另一位历史学家，即小阿瑟·M. 施莱辛格（Arthur M. Schlesinger Junior）就《美国的分裂》（*The Disuniting of America*, 1992）一书提出了类似的论点，强调了当前的美国因突出了种族认同而造成的损失。

---

〔24〕 Philippe Buc, *The Dangers of Ritual* (Princeton, 2001).

〔25〕 Michael Kammen, ‘Extending the Reach of American Cultural History’ (1984; repr. in *Selvages and Biases*, Ithaca, 1987, 118-53); Thomas Bender, ‘Wholes and Parts: the Need for Synthesis in American History’, *Journal of American History* (73, 1986), 120-36.

一种称作“场合论”(参见第五章)的思想潮流在不同层次上出现意味着用碎化的观点去看待社会群体,甚至看待个人的自我。这是一种典型的“后现代”观念。也就是说,无论对社会学家、社会人类学家,还是对社会历史学家而言,与20世纪50年代或60年代人们通常持有的看法相比,他们现在更倾向于把世界看作一个流动性更大、灵活性更强而且更加难以预测的空间。 120

微观历史学的兴起无疑是这种潮流的一部分,尽管如此,娜塔莉·戴维斯、勒华拉杜里和卡洛·金兹堡都断然否定自己有任何后现代主义的意向。[26] 微观历史学家像民族志学者一样,面临着同样的问题,即如何对待他们详细研究的小群体与更大的整体之间的关系。吉尔兹本人在《深描》一文中曾经说过,这个问题就是“如何从一整套民族志的缩微模型出发……得出一个民族、一个时代、一个大陆,乃至整个文明的、像墙面一般大的文化景观来”。他在那本有关斗鸡的著作中经常说到“巴厘人”,但读者完全可以怀疑,他讨论的那种态度是否是巴厘岛上所有人共同持有的态度,或许那只是男人的态度,或许那只是某些社会群体中的男人的态度,当然,精英可能不包括在内。

同样,正如我们所看到的,针对达恩顿的《屠猫记》提出的一些批评集中在这样一个问题上:可否允许历史学家从某个微小的事件中得出有关整个民族特性的结论。这一研究以更加尖锐的方式提出了吉尔兹书中存在的问题,因为这位人类学家是利用一个村庄的研究而推导出了有关整个小岛的结论。达恩顿这位历史学家需要设法将他书中描

---

〔26〕 Frank R. Ankersmith, ‘Historiography and Postmodernism’, *History and Theory* (28, 1989), 137-53;关于金兹堡的反应,见 Maria Lúcia Pallares-Burke(ed.), *The New History: Confessions and Conversations*(Cambridge, 2002), 205。

述的 18 世纪法国的这一群学徒和整个人口之间的鸿沟抹平。或许有人会问，是什么人从屠猫中取乐？

总之，文化史学家没有解决这些问题。在下面的几节里，我将讨论一些有关文化的边界、相遇和叙事的著作，看一看其中是否提供了什么方案，至少可以用来解决以上提出的某些难题。

四　文化边界与文化相遇

早在 1949 年，费尔南·布罗代尔就在他的那本名著《地中海》一书中讨论了诸如莱茵河和多瑙河这些“文化边界”，从古罗马时代一直到宗教改革时期所具有的重要性。但是，在不同语言中，“文化边界”一语的频繁使用却是较近一段时间才出现的事情，也许是因为它为文化史学家们提供了一种解决碎化问题的途径。

121

文化边界的思想是颇有吸引力的思想，甚至有人会说，它太有吸引力了，因为它引导着这一词汇的使用者在不经意之间就从这个词的字面意义的用法转移到了比喻性的用法上去，例如不再用它来区分地理、社会阶级、宗教与世俗、严肃与滑稽、历史与虚构等之间的边界。不过，下面的讨论将主要集中在文化之间的边界上。

在这里，同样需要做一些区别。例如，从某个特定文化的外部和内部产生的看法应有所区别。从外部来看，似乎边界往往是客观存在的，甚至可以在地图上标示出来。研究法国识字率历史的学者，尤其是研究 17 世纪到 19 世纪之间的识字率的学者，对圣马洛到日内瓦之间的那条著名的对角线非常熟悉。这条对角线把识字率较高的东北地区与识字率较低的西南地区区分开来。还有一些文化地图可以用来表明欧洲不同地区的修道院、大学和出版机构的分布情况，或表明不同的宗教信徒在印度的分布情况。

这类地图是一种更为有效的交流形式，往往比大段的文字描述更为快捷，也更容易记住。尽管如此，像文字和数字一样，地图也可能产生误导。它们似乎意味着特定“文化区域”内的同质性，也意味着不同文化区域之间存在着明显的差异性。比如说，说德语的人和说荷兰语的人之间本来是个连续体，但他们之间逐渐画上了一条明显的分界线，而在穆斯林占绝对多数的区域，印度教徒构成的小群体也逐渐消失不见了。

从外部产生的看法需要用从内部产生的看法来补充，强调跨越“我们”与“他们”之间的那条边界的经历，强调与以大写字母“O”开头的“他者性”（Otherness）的碰撞。“他者性”或许也可以用大写的 A 开头，因为首先发明“他者”（*l'Autre*）这一概念的是法国人。我们这里所说的是想象共同体之间象征性的边界，指的是不能用地图精确标示的边界。尽管如此，历史学家还是不能忘记了这些边界的存在。

另一个有用的区别涉及文化边界的功能。历史学家和地理学家以前习惯于将边界主要看作壁垒，但是，现在的趋势强调把边界看作交会的地区（meeting-places），或“接触区域”（contact-zones）。这两个概念有各自的用法。[27]　122

高墙和铁丝网阻隔不了思想，但不能因此就推论出文化的壁垒并不存在。至少，物质性的、政治的或文化的障碍确实存在，其中包括语言的和宗教的障碍。它们减缓了文化的运动，或将文化运动导向另外

---

〔27〕　近期出版了许多这类著作，尤见 Peter Sahlins, *Boundaries: The Making of France and Spain in the Pyrenees*（Berkley, 1989）; Mary Louis Pratt, *Imperial Eye: Travel Writing and Transculturation*（London, 1992）; Robert Barelett, *The Making of Europe: Conquest, Colonization and Cultural Change*（London, 1993）, 950-1350。

的渠道。布罗代尔对于阻挡文化趋势的地带表现出了一种特殊的兴趣，并把这称作“拒绝借鉴”（refusal to borrow），从而把这种拒绝的行为与文明的顺应力或生存力相联系。他所举的例子包括日本对椅子和桌子的长期抵制，还有地中海世界对宗教改革的“拒绝”。[28]

还有一个著名例子可以用来说明这种拒绝，那就是伊斯兰世界对印刷术的抵制，而且这种抵制一直持续到了18世纪末。确实，伊斯兰世界一直被看作将两个印刷书籍的地区隔绝开来的屏障，这两个地区就是东亚和欧洲。所谓的“火药帝国”（gunpower empires，指奥斯曼帝国、波斯帝国和印度莫卧儿帝国）对技术的发明并不持敌视的态度，但直到1800年甚至更晚的时候，它们依然是一个使用手抄本的帝国，或称为“缮写国家”。

18世纪初发生在伊斯坦布尔的一件事情显示出了这种抵制的强大力量。有一位匈牙利人（过去是一位新教牧师）皈依伊斯兰教后，向苏丹呈交了一份备忘录，论述了印刷术的重要性。1726年他得到官方的恩准，允许他印刷世俗书籍。可是，这项事业却遭到了来自宗教领袖的反对，最后只印刷了很少量的一批书籍，而且这个印刷厂维持的时间也不长。直到19世纪，伊斯兰世界才开始与印刷业协商，并达成了结盟的关系。[29]

---

〔28〕 Peter Burke, 'Civilizations and Frontiers: The Anthropology of the Early Modern Mediterranean', in John A. Marino(ed.), *Early Modern History and the Social Science: Testing the Limits of Braudel's Mediterranean*(Kirksville, 2002), 123-41.

〔29〕 T. E. Carter, 'Islam as a Barrier to Printing', *The Moslem World*(33, 1943), 213-16; Brinkley Messick, *The Calligraphic State: Textual Domination and History in a Muslim Society*(Berkeley, 1993); Francis Robinson, 'Islam and the Impact of Print in South Asia', in Nigel Crook(ed.), *The Transmission of Knowledge in South Asia*(Delhi, 1996), 62-97.

文化边界的第二种功能恰恰与第一种功能相反，充当了文化相会的场所或文化接触的区域。边界地区往往有自己特殊的杂交文化，这类地区在欧洲并不少见。例如在近代早期的巴尔干地区，那里的一些基督教徒有前往穆斯林圣地朝拜的习惯；反过来，有些穆斯林也经常前往基督教的圣地。此外，波兰人和匈牙利人在16世纪和17世纪反抗土耳其人的战斗中采用了土耳其人的作战方式，比如使用单刃的短弯刀作战。正是他们把奥斯曼帝国的轻骑兵制度引进了欧洲的其他地 123 区，逐步演变为枪骑兵和轻骑兵的建制。

在边界地区，史诗和民谣是特别繁荣的一种文学类型，例如在西班牙或在东欧的基督教与穆斯林之间的边界地区，或者在英格兰和苏格兰之间的边界地区。在边界的两侧，人们经常传唱着同一个战斗故事，故事中的主人公也相同（例如罗兰、约翰尼·阿姆斯特朗和马尔科·克拉利耶维奇等），有时候甚至连英雄和丑角可以互换位置。一句话，边界经常是文化相遇的场所。

解释文化的相遇

尽管文化史可能遭到反对，但让它消失的可能性不大，原因之一就是文化的相遇在我们这个时代已经变得非常重要了，因此产生了一种越来越紧迫的需要，需要理解过去曾经发生过的文化相遇。

“文化相遇”（cultural encounters）一词的开始使用主要是在1992年纪念哥伦布登陆美洲500周年的活动中，用它取代了“发现”（discovery）这一带有种族中心论的词汇。然而，这个词汇的借用却带来了新视角，不仅将注意力投向胜利者的看法，也投向墨西哥历史学家米格尔·莱昂-波蒂利亚(Miguel León-Portilla)所说的"被征服者的看法"[30]。历史学家们已经在试图重现加勒比海地区的印第安人看待哥伦布的方式,阿兹台克人看待科尔特斯的方式,夏威夷人看待库克船长的方式(此处的方式一词应作复数使用,目的是强调这里所指的是不同的夏威夷人也许会用不同的方式看待文化相遇,例如男人和女人、酋长和普通人)。与相遇观点相关联的现象就是,有关文化交流、文化移动、文化迁移或运输的讨论日渐增多。[31]

重视文化相遇中产生的误解,日益成为这类著作的中心,尽管"误解"这个概念本身经常受到质疑,但依然是个正确的选择。我们经常看到有人用"文化传译"(cultural translation)来解决这一问题。把理解异域文化比作移译的思想,首先是20世纪中叶在爱德华·埃文思-普里查德那一派人类学家当中开始流行起来的。文化史学家对这一思想已产生越来越强烈的兴趣。

124

有一种情况能够具体说明他们如何从这些角度进行思考,那就是传教史。当来自欧洲的传教士们试图说服其他大陆上的居民皈依基督教时,常努力用这种方法来传递信息:基督教是与当地的文化相和谐的。换句话说,他们相信基督教是可以传译的,并设法在当地找到与基督教中的"救世主""三位一体""圣母"等观念相

---

[30] 这个词汇被法国历史学家纳坦·瓦克泰尔借来并用作他所写的一本论述殖民地时期秘鲁的重要著作的书名,见Nathan Wachtel, *Vision of the Vanquished: The Spanish Conquest of Peru through Indian Eyes, 1530—1570*。

[31] James Secord, 'Knowledge in Transit', *Isis*(95, 2004), 654-72; Robert Muchembled(ed.), *Cultural Exchange in Early Modern Europe*(4 vols, Cambridge, 2006-7); Stephen Greenblatt et al., *Cultural Mobility*(Cambridge, 2010).

对应的观念。[32]

接受者和传教者都加入了这个传译的过程。在中国、日本、墨西哥、秘鲁、非洲和其他地方，一些当地出生的人和群体被西方文化中的各种具体物品所吸引，从自鸣钟到透视艺术不等。这时，他们被描述为对这些物品进行了“移译”；也就是说，让这些物品去适应他们自己的文化，把它们从某个背景中取出来，然后放入了另一种背景。在通常的情况下，他们感兴趣的是一些具体的物品，而不是这些物品在原本所处的环境中是如何构造的。他们所实践的是一种“拼凑”（bricolage）的方法，就字面而言是指“拼凑”物质文化的物品；从比喻的角度而言，则是指思想的“拼凑”。无论属于哪一种，在这里都适用。同样，米歇尔·德·塞尔托提出的“重新使用”（参见第五章）的观念在这里看来尤为相关。

对此可以举出许多例子。其中一个例子来自 19 世纪的非洲。英国历史学家格温·普林斯（Gwyn Prins）在他的著作《隐藏的河马》（*The Hidden Hippopotamus*，1980）中，重点叙述了 1886 年法国新教传教士弗朗索瓦·科瓦里亚（François Coillard）和布洛齐国王莱瓦尼卡之间发生的一次相遇。科瓦里亚是赞贝齐传教团的创始人。他相信自己承担的使命是让“野蛮人”皈依基督教并在当地引进新的信仰体系。但是，在前往会见国王的路上，有人告诉他应当献给国王一米长的白棉布。他照办了，却没有意识到这个举动被视为要在王家的墓地上做献祭。结果，这一举动使他从一个基督教的传教士变成了当地的一个酋长，被莱瓦尼卡国王安置到当地的社会体系中。

还有一个概念在近 20 年里产生了极大的影响，那就是“文化杂

---

〔32〕 Lamin Sanneh, *Translating the Message: The Missionary Impact on Culture* (revised edn, Maryknoll NY, 2009).

交”(cultural hybridity),与“文化传译”构成了一对概念,各有其特殊的优点和不足。

125 “文化传译”概念的长处在于强调了个体和群体为了成功地归化外来者而必须进行的工作以及为此使用的策略和技巧。问题在于,这一归化的工作并不都是有意识的。例如,当葡萄牙探险家瓦斯科·达·伽马率领他的船员第一次走进印度寺庙时,他们以为自己走进了基督教的教堂。他们把寺庙中供奉的梵天、毗湿奴和湿婆的雕像看作基督教中圣父、圣子和圣灵三位一体的体现。他们使用从自己的文化中获取的知觉图式来解读所看到的东西,却并没有意识到自己的这种做法。我们能说这是无意识的传译吗?

相反,“杂交”这一概念却为无意识的过程和意料之外的结果留下了余地。但是,这个借自于植物学的比喻也有自己的弱点,正好与它所对立的那个概念相反:它极易造成一种印象,似乎那是一个顺利而“自然”的过程,因而完全忽略了人的作用。

解释文化变迁的第三种模式来自语言学。在我们这个文化相遇的时代,语言学家们对他们所说的“语言混合”过程(creolization,即欧洲语言与殖民地语言的混合过程,又称克里奥尔化)越来越感兴趣,换句话说,两种语言的混用产生了第三种语言。这种新语言经常从一种语言里吸收大部分语法,而从另一种语言里吸收大部分词汇。文化史学家逐渐认识到,这一思想观点可以更好地用来分析宗教、音乐、烹饪、服饰,甚至于微观物理学中的亚文化等领域内文化相遇所产生的后果,而且效果越来越显著。[33]

---

〔33〕 Peter Galison, *Image and Logic: A Material Culture of Microphysics*(Chicago, 1997); David Buisseret and Steven G. Reinhardt(eds.), *Creolization in the Americas*(Arlington, 2000).

五 文化史中的叙事

一次文化相遇就是一次事件，它会促使我们去考虑事件叙事在文化史中的位置，而叙事曾经被归入旧式政治史之中。在上一代历史学家当中，社会史学家劳伦斯·斯通（Lawrence Stone）注意到了他所说的“叙事史的复兴”，并带有惋惜之意。然而，他意识到的这一趋势，更准确地说，应当被描述成为了从事社会史和文化史的研究而在探索叙事的种种新形式。[34]

寻找新叙事的过程充满悖论。激进的社会史学家拒绝叙事，认为这无异于过分强调了伟大人物的伟大事迹，无异于过分强调了个人在历史上的重要性，特别是因为它过分强调了政治领袖和军事领袖的重要性，因而牺牲了普普通通的男人（当然还有女人）在历史上的重要性。然而，叙事的回归伴随着对普通民众的愈发关注，并且关注于他们通过什么方法去认识自己的经历和生活，以及他们自己的世界。

126

比如，就拿医疗诊断来说，与过去相比，医生现在对病人叙述自己疾病和治疗的过程抱有越来越大的兴趣。再以法律为例，20 世纪 80 年代的美国曾经掀起了一场“司法讲述运动”。伴随这一运动的是人们更加关注传统意义上的下层群体，尤其是关注少数族裔和妇女群体，因为这些群体的成员所讲述的故事对白人男性律师所创建的司法体系提出了挑战，而这些律师从来没有充分考虑过其他群体的需要和利益。

---

〔34〕 Lawrence Stone, ‘The Revival of Narrative’, *Past and Present*(85, 1979), 3-24; Peter Burke, ‘History of Events and Revival of Narrative’, in Burke, *New Perspectives*, 283-300.

当前历史学界对叙事发生的兴趣从某种意义上说,也是对某些特定文化中叙事实践产生的兴趣。在这些文化里,民众"向自己讲述有关他们自己的故事"(参见第三章)。这些"文化叙事",正如人们所说的,提供了重要的线索,可以用来探索他们所讲述的那个世界。这里有一个来自俄国的例子,它令人迷惑又令人不安。在近代早期的俄国历史上,沙皇的儿子死于暴力的神话出现了四次。在这些"祭献品"中,有"被父亲伊凡雷帝杀害的伊凡,被鲍里斯·戈都诺夫杀害的季米特里,被彼得大帝杀害的阿列克谢,被叶卡捷琳娜二世杀害的伊凡"。[35]

有的历史学家认为叙事自身有其历史力量,因而兴趣日增。我们在前面讨论的林恩·亨特曾写过一本有关法国革命的著作,认为"叙事结构"是法国革命者用词的基础,并对此进行了考察。这种"叙事结构"把旧体制向新秩序的转变情节化了,或者把它情节化为一出喜剧,或是情节化为一段浪漫故事。

夏伯嘉(Ronnie Hsia)和米里·鲁宾(Miri Rubin)出版了一本有关中世纪反犹太人运动的著作,主要探讨了反复出现的指责犹太人污辱主人、在仪式上残杀儿童等谣言。这些谣言逐渐地累积成文化叙事、话语或神话。这些故事有助于确定基督教徒的特质,但同时也构成了对犹太人的"叙事攻击",即某种形式的符号性暴力,并导致了真实的暴力,

---

〔35〕 Alain Besancon, *Le Tsarévich immolé*(Paris, 1967), 78; Sarah Maza, 'Stories in History: Cultural Narratives in Recent Works in European History', *American Historical Review* (101, 1996), 1493-1515; Karen Halttunen, 'Cultural History and the Challenge of Narrativity', in Victoria Bonnell and Lynn Hunt(eds.), *Beyond the Cultural Turn*(Berkeley, 1999), 165-81.

导致了对犹太人的大屠杀。[36] 有关女巫以及她们与魔鬼签约的故事 127 也可以用同样的方式来加以分析。

朱蒂丝·沃尔科维茨(Judith Walkowitz)也同样关注她所说的“文化史的新课题提出的叙事挑战”。她在《可怕的欢娱之城》(*The City of Dreadful Delight*, 1992)一书中研究的是较晚的时代，借助于那个时代叙事的长焦镜头来观察维多利亚晚期的伦敦城，其中包括围绕着“现代巴比伦的少女祭品”而写的一些文章中对童妓现象的披露，以及有关“开膛手杰克”(Jack the Ripper)[37]的谋杀案的报道。正是这些“性危险的叙事”把伦敦的形象变成了一座“黑暗、强大而充满诱惑的迷宫”。这些故事借用了文化套式，但反过来又影响了读者的感受。

此外，人类学家马歇尔·萨林斯(Marshall Sahlins)在《历史之岛》(*Islands of History*, 1985)一书中论述了“行动之中的符号的显著作用”。库恩提出了科学范式的观念，即一种科学范式会因为新的发现而受到挑战(参见第四章)，而萨林斯以库恩的思想为方法，将它运用于研究由于一次相遇而引发的对一种文化秩序的挑战，亦即库克船长和他的船员到达夏威夷的情况。他论述了当地的夏威夷人试图将库克纳入他们的传统叙事中，将库克的到来与卢诺神(Lono)每年显身一次的传说吻合起来，并试图通过调整其中的叙事来解决两者不一致的地方。

萨林斯的论著有一个重要的意义：它证明了有可能使用叙事的方

---

[36] Ronnie Hsia, *The Myth of Ritual Murder*(New Haven, 1988); Miri Rubin, *Gentile Tales*(New Haven, 1999).

[37] “开膛手杰克”指1888年8月至11月期间，在伦敦至少谋杀了7名妓女的杀人犯。该杀人犯的身份一直未能被查明。——译注

式来写文化史，而这种形式的文化史与布克哈特和赫伊津哈对某些时代所做的比较静态的“描述”很不相同。这种做法可以避免用胜利者的方式将叙事情节化，就像传统的教科书把“西方文明”描述为一个进步的故事一样；与此同时，也可以避免将叙事情节化为一个悲剧性的故事或伤感怀旧的故事，就像失败者的故事一样。

例如，17 世纪到 19 世纪分别在英国和美国发生的内战可以被当作文化冲突来进行研究。从这一观点出发，同样可以写出一部非常吸引人的西班牙内战的叙事史，不仅可以把它表现为对立的政治理想之间的冲突，还可以表现为区域文化和阶级文化之间的冲突。复杂的叙事表达了多元的观点，作为一种途径，它不仅使冲突变得可以理解了，还能抵制前面所说的碎化倾向。

20 世纪 60 年代在中国出现的“文化大革命”促使一些历史学家去思考过去的“文化革命”，特别是 1789 年的法国大革命，催生了新的政治文化（参见第五章），试图建立一种平等主义的体制，强求服装的整齐划一以取代旧体制下等级制的着装符号。在法国大革命期间，语言领域也发生了类似的变化，当时制定了一项计划，试图用法语取代地方土语（patois）或方言，以便“将公民融入民族大众”。[38]

128

历史上发生的其他的革命也可以从这个观点出发来重新进行考察。例如，在英国清教革命的过程中，剧院被关闭，有些地名发生改变，有人给自己取名为“赞颂上帝”，象征着要像忠于父辈那样忠于新的宗教理想。此外，在俄国布尔什维克革命中也发生了一场“文明化的战役”。例如，列昂·托洛茨基（Leon Trotsky）提出要重视“有修养的言语

〔38〕 Michel de Certeau, Dominique Julia and Jacques Revel, *Une Politique de la langue: La Révolution Française et les patois*(Paris, 1975).

方式”,还主张取消宣誓,告诫军官对人说话要使用礼貌的方式,应当使用“您”(*Vy*,相当于法语中的 *Vous*),而不要说“你”(*Vy*,相当法语中的 *tu*)。当时的一些宣传专列把革命电影、革命书籍和革命歌曲送到了全俄的普通民众当中。[39]

革命文化史的一些著作指出,不应当认为这些事件把一切都造就成了新事物。正如宗教信仰的转变一样,表面上的创新可能掩盖着传统的延续。这样的历史著作应该为残余的文化保留一席之地,甚至为那些所谓“死灰复燃”的文化也留有容身之处。在 1660 年的英国就有一个明显的事例。当时的君主制复辟以后,剧院重新开放。

此外,在这类文化史中还应该给角色的重演保留一席地位。某次革命的领袖们往往会把自己看作正在扮演过去某个革命领袖。例如,布尔什维克革命家紧盯法国革命,而法国的革命家认为自己是在重演英国革命,反过来,英国人也把他们那个时代发生的事件看作 16 世纪法国宗教战争的重演。文化史学家所写的叙事史需要将这些观点融合起来,当然也不应当毫无批判地加以重复。

重演过去的做法并不仅限于革命。在基督教文化中,有些个人有时也把自己看作重新扮演基督受难,托马斯·贝克特(Thomas Becket)[40]在被杀害于坎特伯雷大教堂之前的那些日子里,1916 年帕特里克·皮尔斯(Patrick Pearse)在都柏林的邮政局组织反抗英国人的时候[41],都

---

〔39〕 Peter Kenez, *Birth of the Propaganda State: Soviet Methods of Mass Mobilization, 1917—1929*(Cambridge, 1985).

〔40〕 圣托马斯·贝克特(1118—1170),英格兰国王亨利二世的枢密大臣,坎特伯雷大主教,因反对亨利二世的宗教政策而被谋杀。——译注

〔41〕 指 1916 年 4 月 24 日发生于爱尔兰都柏林的复活节起义,皮尔斯系起义首领之一。——译注

认为自己在重新扮演基督的角色。

129 此外,在今日的斯里兰卡,有些僧伽罗人把自己看作是在重新表演一种宗教叙事,而这种宗教叙事是他们文化的核心所在。相反,他们认为泰米尔人在扮演魔鬼的角色。海登·怀特所说的"情节化"不仅可以在历史学家们的著作中找到,还见于普通民众试图认知他们自己的世界时做出的各种努力之中。这里又一次说明了文化图式或认知图式有着极其明显的重要性。不过,图式在这种情况下所透露的叙事是一种"叙事攻击",就像攻击犹太人的那种叙事,其结果是破坏性的。斯里兰卡的历史,不管是文化的历史还是政治的历史,都需要给这种叙事寻找一个地位;当然,与此同时,也应该给泰米尔人提供一个反叙事的地位。在一个种族冲突的时代,我们必定会看到更多的同类历史著作出现,而绝不仅仅是可能。

第七章　21 世纪的文化史

哈罗德·威尔逊(Harold Wilson)有一个著名见解:对政治来说一周是一段漫长的时间,而14年在史学史上则是极其短暂的。即便是这样,自从本书于2004年首次面世以来,已经又有很多文化史研究专著问世,因此完全有必要对这些研究做一些评述。文化史研究在方向上没有出现什么重大变化,至少在我看来是这样。尽管如此,评点一下近些年来该领域的发展情况或许会有所启示。 130

让我们从近期文化史显然难以阻挡的兴起开始。自2000年以来,至少有11本导论式的文化史著作出版:有两本法语专著(其中一本列入了著名的《我知道什么》["Que-sais-je"]系列丛书,具有一定的学术价值);两本英语专著;丹麦语、芬兰语、德语、意大利语、西班牙语、瑞典语和巴西葡语各一本。[1] 在美国,2008年出版了论文集《美国历史

---

[1] 除了阅读的本书外,还可参见:Alessandro Arcangeli, *Che cos'è la storia culturale?*(Rome, 2007); Palle O. Christiansen, *Kulturhistorie som opposition*(Copenhagen, 2000); Ute Daniel, *Kompendium Kulturgeschichte*(Frankfurt, 2001); Anders Ekström, *Representation och Materialitet: introduktionen till kulturhistorien*(Lund, 2009); Francisco Falcon, *História cultural*(Río de Janeiro, 2002); Anna Green, *Cultural History*(Basingstoke, 2007); Marjo Kaartinen and Anu Korhonen, *Historian kirjoittamisesta*(Turku, 2005); Pascal Ory, *L'Histoire culturelle*(Paris, 2004); Philippe Poirrier, *Les Enjeux de l'histoire culturelle*(Paris, 2004); Anaclet Pons and Justo Serna, *La historia cultural: autores, obras, lugares*(Madrid, 2005).

上的文化转向》(*The Cultural Turn in U. S. History*)[2];此外还出版了两卷论文集[3],分别论述了欧洲文化史和美洲文化史的多样性。社会史学会在2004年创办了《文化史与社会史》期刊。2007年,国际文化史学会[4]在阿伯丁(Aberdeen)创立,并于2011年发行了《文化史》杂志。法国人也已经有了自己的文化史发展协会。有关文化史主题的学术研讨会现在随处可见。

131 但是,文化史的发展并不平衡,甚至有些参差不齐。在文化史内部,具有民族风格或民族传统的差异,人类学也是这样,甚至自然科学也是如此,只不过程度上轻一些而已。[5] 德国、荷兰和法国的传统在本书导言中已经讨论过,而英国对文化史有某种抵触,在英国,文化史并不被看作"可靠的事实"或"实质性细节",这种现象久已存在。在丹麦,尽管特勒尔斯-伦对文化史做出了初步的贡献,但对文化史的抵触还在继续。[6] 相反,文化史在美国却长期繁荣,同样繁荣的还有文化地理学和文化人类学。对于北美重视文化史而英国重视社会史的反

---

〔2〕 James W. Cook, Lawrence B. Glickman and Michael O'Malley(eds.), *The Cultural Turn in U. S. History*(Chicago IL, 2008).

〔3〕 Philippe Poirier(ed.), *L'histoire culturelle: un 'tournant mondiale' dans l'historiographie*(Dijon, 2008); Jörg Rogge(ed.), *Cultural History in Europe*(Bielefeld, 2011).

〔4〕 与国际文化史学会联系可通过下面网址:〈http://www.abdn.ac.uk/ch/-soc.shtml〉。

〔5〕 菲利普·普瓦里耶主编了一本论述文化史民族风格的论文集,2008年法文版。此外参见:Chris Hann(ed.), *One Discipline, Four Ways: British, German, French and American Anthropology*(Chicago, 2005); Nathan Reingold, 'The Peculiarities of the Americans, or Are three National Styles in the Science?' *Science in Context*(4, 1991), 347-66。

〔6〕 Palle O. Christiansen, 'Kulturhistoriens genkomst', *Historisk Tidskrift*(107, 2007), 207-35.

差,有一个诱惑人的解释就是文化解释。我们可以将美国风格与美国社会移民的流动性联系起来考虑,在这样的社会里,人文地理和社会的流动性就高。我们可以将英国风格与一个更为稳定的社会,以及与可以称之为“经验主义”的文化联系起来考虑。

自2000年以来,文化史已扩展到相对较新的领域,显而易见的是在外交和战争领域。正如我们在第六章中看到的那样,那些较为传统的方法堡垒在20世纪末开始被攻破。例如,有一位“国际史”(一种新的,更广泛的外交史形式)的专家在2006年指出,该学科“近年来已经历了明显的文化转向”。[7]

在战争史领域,文化转向开始得更早,并且更加明显,特别是在关于第一次世界大战史的研究中(参见第六章)。2007年有一篇对军事历史的综述得出结论说,战争的文化史“就明白地摆在这里”。甚至还出现了从文化的角度来考察战斗动因的。[8] 这种研究方法正变得机构化:曼彻斯特大学建立了战争文化史中心,战争和艺术,或更广泛地说是战争的视觉表现形式,已经吸引了许许多多的历史学家。[9]

此外,知识史在扩大自己的领域,其发展已经超出了思想史和科学史的范畴,其中,“知识文化”的观念已经成为中心思想。例如,2009年在牛津大学成立的跨学科研究项目就是以“知识文化”来命

---

〔7〕 David Reynolds, ‘International History, the Cultural Turn and the Diplomatic Twitch’, *Cultural and Social History*(3, 2006), 75-91; Markus Möslang and Torsten Riotte (eds.), *The Diplomat's World: A Cultural History of Diplomacy, 1815-1914*(Oxford, 2008).

〔8〕 Robert M. Citrino, ‘Military Histories Old and New’, *American Historical Review* 112, 1070-90, at 1089; Marian Füssel and Michael Sikora (eds.), *Kulturgeschichte des Schlachts*(Paderborn, 2014).

〔9〕 Joanna Bourke(ed.), *War and Art*(2017).

名的。[10]

132 这些年几乎所有的事情都已经被写成了文化史。仅以2000年以来出版的一些著作的标题或副标题为例,就已经有历法文化史,因果文化史,气候文化史,咖啡馆文化史,内衣文化史,考试文化史,美发文化史,恐惧文化史,鬼怪文化史,疲软文化史,失眠文化史,神幻蘑菇文化史,自慰文化史,民族主义文化史,怀孕文化史,烟草文化史,等等。[11]从2007年起,布卢姆斯伯里出版社(Bloomsbury Publishing)已开始编撰有关动物、童年、性行为、食品、花园、妇女、感官、人体等的文化史系列丛书,每个系列六册。"文化革命"的观念已经从20世纪60年代的中国扩展到了其他年代的其他区域,其中有20世纪20年代的苏联和

---

〔10〕 Peter Burke, *What is the History of Knowledge?* (Cambridge, 2016).

〔11〕 Jörg Rüpke, *Zeit und Fest: Eine Kulturgeschichte des Kalendars* (Munich, 2006); Stephen Kern, *A Cultural History of Causality: Science, Murder Novels, and Systems of Thought* (Princeton, 2004); Wolfgang Behringer, *A Cultural History of Climate* (Cambridge, 2010); Markman Ellis, *The Coffee-House: A Cultural History* (2004); Valerie Steele, *The Corset: A Cultural History* (New Haven, 2001); Benjamin A. Elman, *A Cultural History of Civil Examinations in Late Imperial China* (Berkeley CA, 2000); Allen Peterkin, *One Thousand Beards: A Cultural History of Facial Hair* (New York, 2002); Susan Owens, *The Ghost: a Cultural History* (2017); Angus McLaren, *Impotence: A Cultural History* (Chicago IL, 2007); Joanna Bourke, *Fear: A Cultural History* (Chicago, 2007); Eluned Summers-Bremner, *Insomnia: A Cultural History* (2007); Andy Letcher, *A Cultural History of the Magic Mushroom* (Joop Leerssen, 2006); Thomas Laqueur, *Solitary Sex: A Cultural History of Masturbation* (New York, 2003); *National Thought in Europe: A Cultural History* (Amsterdam, 2006); Clare Hanson, *A Cultural History of Pregnancy: Pregnancy, Medicine and Culture, 1750-2000*, (Basingstoke, 2004); Bjarne Stoklund, *Tingenes kulturhistorie* (Copenhagen, 2003); Iain Gately, *Tobacco: A Cultural History of How an Exotic Plant Seduced Civilization* (New York, 2002).

墨西哥,甚至还有古代的罗马和雅典。[12]

有一个显然需要发问的问题:这些新书是否达到了医疗诊断中常说的“照原方配药”的效果,换句话说,这些新书是否在一些重要方面修改了文化史的地图;我相信,有些著作做到了这一点。

一 正在改变的景观

近年来,文化史的某些领域已经引起了人们的极大兴趣,其中包括身体、民族认同以及(或许可以称之为)知识实践的文化史。[13]

身体的历史构成了新文化史的一个重要组成部分(参见第四章)。最近研究关注的一个焦点便是有关纯净的历史。纯净在这之前已经被研究过。对于纯净的研究也像在其他领域里一样,赞许之词也要先送给那些业余的史学家,是他们先于文化史专家转向了这个领域。

不过,近些年有关纯净的研究收获甚丰,这是因为研究更为深入,特别是像玛丽·道格拉斯(Mary Douglas)等人类学家进行的研究,证实了纯净的符号内涵因文化不同而不同。最近研究的一个主题就是关

---

〔12〕 Kate Transchel, *Under the Influence: Working-Class Drinking, Temperance, and Cultural Revolution in Russia, 1895-1932* (Pittsburgh, 2006); Mary K. Vaughan and Stephen E. Lewis(eds.), *The Eagle and the Virgin: Nation and Cultural Revolution in Mexico, 1920-1940* (Durham, NC, 2006); Thomas Habinek and Alessandro Schiesaro(eds.), *The Roman Cultural Revolution* (Cambridge, 1997); Robin Osborne(ed.), *Debating the Athemian Cultural Revolution: Art, Literature, Philosophy and Politics 430-380BC* (Cambridge, 2007); Andrew Wallace-Hadrill, *Rome's Cultural Revolution* (Cambridge, 2008).

〔13〕 Peter Burke, 'The Cultural History of Intellectual Practices: An Overview', in J. Fernández Sebastián(ed.), *Political Concepts and Time* (Santander, 2011), 103-27.

于进行隐喻性纯净或纯洁的重要性,亦即净化心灵、净化民族和净化语

133 言,等等。[14] 此研究的另一个主题是把纯净的理论和民族认同联系起来,比如说,有关19世纪美国中产阶级女性如何教导意大利或波兰移民关于洁净的标准,并把它作为美国生活的一部分。[15]

民族认同仍然是近年来文化史研究的中心论题。例如,所谓"勃兴"(boom)的集体记忆研究(参见第四章)通常强调的就是民族记忆,所指的也就是被有意识地从一代人传到另一代人的传统。1979年,法国历史学家莫里斯·阿居隆(Maurice Agulhon)出版了他对"玛丽安"(Marianne)研究的专著。这时,对民族标志诸如纪念碑、贞女和旗帜等的专题研究还比较少见,但从此以后,这一类研究如雨后春笋般出现,不仅在欧洲,在巴西和墨西哥也是这样。[16] 本尼迪克特·安德森和埃里克·霍布斯鲍姆(参见第五章)首开先河的发明的传统和想象的共同体的写作,催生了一大批研究民族国家诞生的专著,诸如美国、阿根廷、澳大利亚、加拿大和埃塞俄比亚,不一而足。它激发了人们对语言

---

[14] Douglas Biow, *The Culture of Cleanliness in Renaissance Italy*(Ithaca, 2004); Peter Burke, *Languages and Communities in Early Modern Europe*(Cambridge, 2004), ch.6.

[15] Lawrence Wright, *Clean and Decent: The Fascinating History of the Bathroom and the Water Closet*(1960); Mary Douglas, *Purity and Danger*(1966); Georges Vigarello, *Concepts of Cleanliness*(1985; English translation Cambridge 1988); Suellen Hoy, *Chasing Dirt: The American Pursuit of Cleanliness*(New York, 1995); Virginia Smith, *Clean*(Oxford, 2006); Katherine Ashenburg, *The Dirt on Clean: An Unsanitized History*(New York, 2007).

[16] Maurice Agulhon, *Marianne Into Battle: Republican Imagery and Symbolism in France, 1789-1880* (1979; English trans. Cambridge, 1981); José Murilo de Carvalho, *A formação das almas: o imaginário da República no Brasil*(São Paulo, 1990); Enrique Florescano, *La bandera mexicana: breve historia de suformación y simbolismo*(Mexico City, 1999); id., *Imágenes de la patria*(Mexico City, 2005).

的研究,尤其是激发了民族语言的"制作"(fabrication),比如现代希腊语和现代希伯来语,还激发了对19世纪绘画史兴趣的复兴。[17]

朱塞佩·马志尼(Giuseppe Mazzini)或许可以看作民族主义的研究专家。他曾经指出,他那个时代的意大利历史绘画对民族建构做出了贡献。绘画或许可以称作"历史民族化"的一部分,这在19世纪豁然可见;民族化不只能从那个时代的历史书籍里看到,还能从一些公共场所的民族英雄纪念碑上看到,能从小说、剧本和戏剧这些作品里看到。以上这些作品激活了民族形成历史上一些著名的场景。民族化还可以从民族百年纪念的庆典仪式上看得到。

以民族为对象的文化史或许可以称作"观念的文化史"(the cultural history of ideas)的一个例证。思想史和文化史以大不相同的方向向前发展,这一点前文已经指出过了(参见第五章),但是,两者却越来越相互跨越边界。观念的文化史上的这种杂糅有一个显著的例子,那就是它被称为"历史社会学",或者叫作"知识的历史人类学"。历史社会学的实践者有法国历史学家弗朗索瓦斯·瓦凯(Francoise Waquet),德国历史学家马丁·穆斯劳(Martin Mulsow),以及美国历史学家安·布莱尔(Ann Blair)和威廉·克拉克(William Clark)。

这四位学者的研究路径尽管不同,但都将观念史同更宽泛的文化发展,包括同交际媒介的变化在内的因素联系起来。他们关注"知识 134 文化",强调包括阅读和做笔记在内的文化实践史,强调像学位典礼这

〔17〕 有关这一类研究的范例,参见:Anne-Marie Thiesse, *La Création des identités nationales: Europe xviii-xx siècle*(Paris, 1999); David A. Bell, *The Cult of the Nation in France: Inventing Nationalism, 1680-1800*(Cambridge, MA, 2001); Joep Leerssen, *National Thought in Europe: A Cultural History*(Amsterdam, 2006)。

样的学位授予仪式史，强调教育物质文化史，而像黑板和讲台这样的“知识小工具”也包括在内。我们通常都将学习的天地与阅读及写作联系在一起，但以上四位历史学家都强调，在印刷时代的大学里，口头文化要以讲座、研讨会和口述的形式而留存下来。[18]

本书讨论了文化史研究的新路径，其中的大多数例子都来自欧洲和美国。但是，在当今文化全球化的时代，也出现了文化史全球化的趋势。本书从综合角度探讨了“书籍文化”和阅读实践之间的关系（参见第四章），将欧洲和东亚写作体系及印刷技术进行对比研究。帝国史学家，特别是英国史学家，已经发现实用信息和更为一般的知识在管理过程中的重要性。比如，理查德·德雷顿（Richard Drayton）将裘园——英国皇家植物园放置在帝国语境下做了新的研究。[19]

最为重要的帝国及其信息研究著作中，有三本是关于印度殖民地历史的研究。第一部著作主张，即使看上去不偏不倚的关于印度的知识，也都是英国人收集来帮助他们控制这个国家的。第二本书强调了管理的方式，这种管理方式是英国管理者在莫卧儿王朝先前的工作方式的基础上建立起来的。第三部著作坚称，种姓制度，至少现代形式的种姓制度，并不是印度传统的表现，不是印度臣民与英国管理者相遇之

---

〔18〕 Françoise Waquet, *Parler comme un livre: l'oralité et le savoir, 16e-20e siècle*(Paris, 2003); William Clark, *Academic Christma and the Origins of the Research University*(Chicago, 2006); Martin Mulsow, *Die unanständige Celebrtenrepublik*(Stuttgart, 2007); Waquet, *L'ordre materiel du savoir*(Paris, 2015); Ann Blair, *Too Much to Know: Managing Scholarly Information Before the Modern Age*(New Haven CN, 2010); Martin Mulsow, *Die unanständige Gelehrtenrepublik*(Stuttgart, 2007).

〔19〕 Richard Drayton, *Nature's Government: Science, Imperial Britain, and the 'Improvement' of the World*(New Haven, 2000).

后的产物;就后者而言,他们将民众划分成等级是要为他们的控制服务。[20]

前文讨论过的对文化相遇的兴趣(参见第六章)还在继续增长。比如,过去通常从基督教或伊斯兰教皈依史的角度来进行的研究,现在日益转向既从影响者角度也从接受者和施教者的角度来进行研究,把文化交会解释为有意识或无意识的融合或杂交。这一趋势的典型例子见于对近代早期日本的研究。当时,"基督教徒"(Christian)这个术语被日语片假名"Kirishitan"取代,目的是为了强调传教士传送的信息和皈依者接收的信息之间存在距离。同样,塞尔日·格鲁津斯基(Serge Gruzinski)也研究了西班牙人征服墨西哥带来的文化后果,根据杂交理论或者观念和图像的混合观点,那是一场异乎寻常的以暴力形式呈现的相遇。[21]

135

接受史中有一个引人入胜的主题或许可以称作"双重相遇",指的是一种循环的运动。在循环运动中,本来被借用和转换的那些文化又返回到它的起源国家。关于这种文化循环,我们可以从日本和西方的交往关系中看到令人惊叹的例子。叶芝写过一个剧本,题目叫《鹰井边》,背景是爱尔兰的英雄时代,但风格却模仿日本传统的能剧。反过来,一位叫作横道万里雄(Yokomichi Mario)的日本剧作家把这个剧本

---

〔20〕 Bernard S. Cohn, *Colonialism and its Forms of Knowledge: The British in India*(Princeton, 1996); Christopher Bayly, *Empire and Information: Intelligence Gathering and Social Communication in India, 1780-1870*(Cambridge, 1997); Nicholas Dirks, *Castes of Mind: Colonialism and the Making of Modern India*(Princeton, 2001).

〔21〕 Ikuo Higashibaba, *Christianity in Early Modern Japan*(Leiden, Brill, 2001); Serge Gruzinski, *The Mestizo Mind: The Intellectural Dynamics of Colonization*(1999; English trans, 2002).

改编成日本能剧，于1949年在东京上演。[22] 还有一个事例是日本画家去巴黎时对马奈（Manet）和图卢兹-劳特雷克（Toulouse-Lautrec）产生了极大热情，而这两位艺术家本身也非常迷恋日本版画。[23] 这些例子是说明了异国情调和熟悉题材的吸引，还是这两者结合产生了魅力呢？

研究转换和接受间的差距有一个方法，那就是检验移译以及核心观念在转换成另外一种语言的过程中所采取的手段。如果运用这个方法来观察欧洲观念被译入结构很不相同的语言时，即使有在传统很不相同的文化里被言说的情况，其结果虽说不是一目了然的，也是特别清晰的。比如，约翰·密尔（John Stuart Mill）的著作《论自由》在被译成日语时，其核心概念"自由"的翻译就成了一个大难题，因为这个概念在日本本土缺少对应的术语。再看在塞内加尔的情况，"民主"（demokaraasi）这个术语已经译入了尼日尔-刚果语，但它的关联意义却与西方的不同。基于这样的原因，就借入语如何适应借入文化的需要及其目的而论，已经得到证实，"文化转译"的观念不仅对发明这一术语的人类学家有用，对文化史学家同样有用。[24]

---

[22] Reiko Tsukimura, 'A Comparison of Yeats' *At the Hawk's Well* and Its Noh Version', *Literature East and West*(11, 1967), 385-97; Richard Taylor, *The Drama of W. B. Yeats; Irish Myth and the Japanese Nō*(New Haven, 1976), 111-20.

[23] S. Takashina(ed.), *Paris in Japan: the Japanese Encounter with European Painting* (Tokyo, 1987).

[24] Frederick Schaffter, *Democracy in Translation: Understanding Politics in an Unfamiliar Culture*(Ithaca, 1998); Douglas Howland, *Translating the West*(Honolulu, 2001); Peter Burke and R. Po-Chia Hsia(eds.), *Cultural Translation in Early Modern Europe*(Cambridge, 2007), esp. pp. 7-10.

有一个领域里的翻译问题一直被认为是特别尖锐的问题,这个领域过去被称为神学或教会史,现在被称为"宗教研究"。在这个领域里,已经出现了一种文化转向,侧重于进行所谓的"世界基督教"研究;换言之,就是研究在不同文化中本地人对基督教信息的接受情况。[25]那些来自欧洲的基督教传教士,在与他们所来之处的欧洲完全不同的地方工作,对翻译的问题非常了解。例如,在与中国人或日本人或图皮纳巴人或祖鲁人说话时,他们会用什么词来表示"上帝"?如果他们使用日语术语(例如"大日一号"),他们的听众可能会认为基督教不过是一种异国情调的佛教;但是如果使用诸如上帝(Deus)之类的西方术语,其陌生感又可能会阻止皈依者。[26] 136

在这种情况下,传教士被迫考虑所谓的基督教"可翻译性",以决定基督教的哪些要素是必不可少的,哪些仅仅穿着欧洲外衣。[27] 在实践领域,他们需要区分哪些是可能保留的社会习俗,哪些是与基督教不相容的宗教习俗。在中国"祖先崇拜"的情况下,一些传教士,例如意大利的耶稣会士利玛窦(Matteo Ricci),在面对这些两难时需做出选择,不同的传教士可能会做出不同的选择。

翻译史集中了史学家、语言学家和"翻译研究"专家的共同研究,提出了一个需要在这里讨论的共同问题,那就是文化史与邻近学科的关系。

---

[25] David Maxwell, Joel Cabrita and Emma Wild-Wood(eds.), *Relocating World Christianity*(Leiden, 2017).

[26] George Elison, *Deus Destroyed: The Image of Christianity in Early Modern Japan* (Cambridge MA, 1973).

[27] Sanneh, *Translating the Message*.

二　文化史与邻近学科

文化史并不是史学家独享的天地，它既是跨学科又是多学科的领域；换句话说，它始于不同的领域，亦即大学里不同的科系，而在学术界以外也在被实践。因此，显而易见，要回答“什么是文化史”这个问题，并不容易。

确定一个人身份的一个、也许是主要的一个方法，就是要确定与他相对的“另一个”，即首先要确定他的毗邻者。这种定性的方式不仅适用于国家之间，也适用于学科之间。学科同样也有自己的“土地”，自己的文化，自己的族群和自己的领土。[28] 同样，思想的创新常常是在躲避边界警察和跨进其他领土时取得的结果，或者换个比喻，那就是要从邻居那里去借东西，而不是要与他们保持一段距离。

137

与文化史最接近的邻居有人类学、文学史和艺术史，这些在本书前文都已经讨论过。文化史学家从文学批评家那里可以学到如何“细读”文本，从艺术史学家那里可以学到如何诠释图像（从狭义层次的图像到宽泛层次上的图像学），从人类学家那里可以学到如何去解读所有文化体。难以想象，要是没有“文类”这样的文学概念，没有“惯习”这样的人类学概念，或是没有“图式”这样的艺术史概念，历史学家如何去进行研究。

如今，艺术史越来越被看作文化史。瓦尔堡（参见导论）曾经将“视觉研究”（*Bildwissenschaft*）看作文化研究（*Kulturwissenchaft*）的一部

〔28〕 Tony Becher, *Academic Tribes and Territories: Intellletual Enquiry and the Cultures of Disciplines*（Miltons Keynes, 1989）.

分,但是,长期以来这一传统被忽视了。由于诸如汉斯·贝尔廷和霍斯特·布雷德坎普(Horst Bredekamp)等德国视觉历史学家、亦即以前的艺术史学家的贡献,视觉研究正在复兴。[29] 这一潮流体现在,人们越来越经常地使用"视觉文化"这一术语;模仿文化研究的模式,以视觉研究或视觉文化研究为名称,重新组建大学系科。[30] 研究视觉文化的学者们,无论是过去还是现在,都从人类学和文学研究那里借用了概念:前者自身也经历了"视觉转向",后者产生了诸如"图文文本""视觉文本""视觉文学"和视觉"引语"等这样一些杂交概念(或者根据"互文性"模式创造出来),这在德语里被称为"意象互换"(Interbildlichkeit),在英文里叫作"互绘"(interpictoriality)。[31]

其他邻近学科还包括科学史和相对较新的知识史,它们见证了诸如"博物学文化"或"知识文化"等概念的兴起。然而,将这些学科暂时搁置一边,以便把笔头转向那些文化史不那么熟悉的邻近学科,或许是有益的。这些学科包括社会学、民俗学、书志学、地理学、考古学甚至生态学和生物学。

社会学家关注文化已经很久了。他们不仅关注以前通常被称为的"大众文化"或"亚文化",也关注艺术社会学和文学。然而,在过去的几十年里,所谓的"文化社会学"的研究在转向另一个方向。这一文化 138

---

〔29〕 Richard Woodfield, *Art History as Cultural History: Warburg's Projects* (Amsterdam, 2001); Hans Belting, *Bild-Anthropologie: Entwürfe für eine Bildwissenchaft* (Munich, 2001); Horst Bredekamp, 'A Neglected Tradition? Art History as *Bildwissenschaft*', *Critical Inquiry* (29, 2003), 418-28.

〔30〕 Norman Bryson, Michael Ann Holly and Keith Moxey (eds.), *Visual Culture: Images and Interpretations* (Hanover, 1994); Richard Howells, *Visual Culture* (Cambridge, 2003).

〔31〕 Margaret Rose, *Parodie*, *Intertextualität*, *Interbildlichkeit* (Bielefeld, 2006).

转向强调意义和符号行为(这个概念是文学理论家肯尼思·伯克从人类学家克利福德·吉尔兹那里引申而来的),还强调“文化语用学”,也就是实践研究,这使得社会学家更接近人类学家。有些社会学家也像邻近学科的同行一样,现在也研究“社会行为”和文化“建构”。[32] 这些社会学家一般关注当下或最新的过去,如“9·11”事件的行为因素,但其中也有少数的愿意关注更久远的过去,比如鲁宾·瓦格纳-帕奇菲奇(Robin Wagner-Pacifici)对布雷达投降的研究就是一例。

瓦格纳-帕奇菲奇选取了三个个案:一个是荷兰人于1625年在布雷达向斯宾诺拉(Spinola)将军投降;另一个是1865年南方同盟军向格兰特将军投降;再一个是1945年日军向麦克阿瑟将军投降。作者从投降行为的符号性角度来进行考察,他指出,这一行为是一种转换场景的表演性事件,作者的关注对象是她称为的“无数人……对投降交会双方的认识(和误识)”。[33] 让我们期待这一类更多的研究成果出现吧。

说到民俗学(现在普遍称为民族学)和文化史的关系,或者简单说,实际上是它和历史学的关系,一直是时起时落。大体说来,我们可以把这两个学科彼此之间的关系划分为三个时期:19世纪是和谐共处期;从20世纪20年代到70年代或更迟一点是彼此怀疑期;随后是重新评估的当代期,这一时期受到历史学家发现或重新发现大众文化的

---

〔32〕 Roger Friedland and John Mohr(eds.), *Matters of Culture: Cultural Sociology in Practice*(Cambridge, 2004); Jeffrey C. Alexander, Bernhard Giesen and Jason L. Mast(eds.), *Social Performance: Symbolic Action, Cultural Pragmatics and Ritual*(Cambridge, 2006); Jeffrey C. Alexander, Ronald N. Jacobs and Philip Smith(eds.), *The Oxord Handbook of Cultural Sociology*(Oxford, 2013).

〔33〕 Robin Wagner-Pacifici, *The Art of Surrender: Decomposing Sovereignty at Confilict's End*(Chicago, 2005).

鼓舞。[34] 民俗学家和文化史学家一样,也大量运用传统或传承下来的观点,实际上他们的主要期刊之一的刊名(*ARV*)就包含了这个含义。他们也把自己的研究结果投到普通期刊。《欧洲民族学》(*Ethnologia Europea*)一期专刊发表了25篇专题论文,每一篇都介绍了一个新的概念,以作为文化分析的实验,考察了诸如"回流(backdraft)""归类(bracketing)"和"习俗化(customizing)"等概念。[35]

书志学是另一门邻近学科。20世纪60年代纯粹的历史学家们发现了这一主题,但在那之前很久,它就已经受到历史学的关注。有一位书志学家关于自己研究方法的宣言,就将其与历史学家的研究方法区别了开来:书志学关注的是书籍而不是人,关注的是书籍的历史本身而不是把它当作实现目的的手段。[36] 不管怎么说,书志学家总会给文化史学家提供些帮助。比如,唐·麦肯齐(Don Mackenzie)强调书籍的物质方面(参见第四章),就启发了罗歇·夏蒂埃的著述;再比如,思想史和书籍史在启蒙运动时期的关系就成为当前正处于争论中的一个领域。[37]

139

另一门邻近学科是地理学,特别是文化地理学(虽然有些历史地

〔34〕 Peter Burke, 'History and Folklore', *Folklore*(115, 2004), 133-9。对历史学有浓厚兴趣的主要民俗学家有:丹麦史学家比亚内·斯托克朗德(Bjarne Stoklund)和古斯塔夫·亨宁森(Gustav Henningsen),爱尔兰史学家迪尔米德·欧·焦莱恩(Diarmid ó Giolliáin)。认真对待民俗学的历史学家有:罗纳德·赫顿(Ronald Hutton)、大卫·霍普金(David Hopkin)和盖伊·伯纳斯(Guy Berners)。

〔35〕 Orvar Löfgren and Richard Wilk(eds.), *Off the Edge: Experiments in Cultural Analysis*(Copenhagen, 2005), a speicial issue of *Ethnologia Europea*, vol. 35.

〔36〕 Thomas R. Adams and Nicolas Barher, 'A New Model for the History of the Book', in N. Barker(ed.), *Potencie of Life: Books in Society*(1993), 5-43.

〔37〕 Richard B. Sher, *The Enlightenment and the Book*(Chicago, 2006).

理学不是文化的，有些文化地理学不是历史的，但这两个领域是重叠的）。传统的文化地理学与美国人卡尔·索尔（Carl Sauer）联系在一起。他拒绝地理研究中的科学方法，这种方法试图为地理学建立通用法则，但他关注的是地区或文化区域的独特性。这一观点与弗朗兹·博厄斯（Franz Boas）的相仿，此人以前便是地理学家。索尔还反对环境决定论，倾向于从文化和历史的角度来解释地域的特性。因此，与人类学研究的情况一样，以索尔为首的美国文化地理学和英国社会地理学之间也已经出现了一条鸿沟。

这条鸿沟将由几乎与新文化史学同步发展的新文化地理学来填补。和新文化史学家一样，像吉姆·邓肯（Jim Duncan）和费利克斯·德赖弗（Felix Driver）等新文化地理学家，也从文化理论里汲取营养，显而易见的是从福柯的理论中汲取营养。他们和历史学家一样，对实践和表象这两个方面都投以关注。他们从人类居住引起环境的变化和不同社会群体对城市街道的使用的角度，去探讨、研究空间实践。他们还利用地图、旅行纪录片、风景画、小说（比如哈代的威塞克斯系列）等，去分析体现在这些对象中的地理想象，这样做与最近的文化想象史研究显然是平行一致的。[38]

想象地理学中有一项重要研究是关于从1918年至1950年代之间逐渐发展的英国景观的假设，这项研究成果到今天仍然具有影响力。140 它表达了对英国村庄失去的“有机社区”的怀旧之情，作为与城市和现

---

〔38〕 J. B. Harley, 'Maps, Knowledge and Power', in Denis Cosgrove and Stephen Daniels, *The Iconography of Landscape*（1998）；John A. Agnew and James S. Duncan（eds.），*The Power of Place*（Boston MA, 1989）；Felix Driver, *Geography Militant: Cultures of Exploration and Empire*（Oxford, 2001）.

代性的反衬,其中的英国性就定位在"草地,小路,合唱团和市政厅"之中。在这类研究中,诗人约翰·贝奇曼(John Betjeman)和菲利普·拉金(Philip Larkin)与人类学家克劳福德(O. G. S. Crawford)和地方史学家霍斯金斯(W. G. Hoskins)很接近。[39]

前文已经说过,20世纪初期的考古学就像那时候的人类学和地理学一样,已经涉及文化史的内容,尤其是文化特征的传播,尽管如此,20世纪末和21世纪初的新考古学向文化史靠得更近。

对新考古学有各种各样的描述,诸如社会的、人类学的、过程的、语境的、诠释的或认知的。这种不确定状态反映出不同研究方法之间的竞争。新考古学家与他们的邻居历史学家和地理学家一样,对文化理论也感兴趣。在思想循环这个有趣的例子里,那些挖掘过去的真正考古学家发现,福柯的"谱系学"比喻发人深省。与文化史学家和地理学家一样,新考古学家同样关注如葬礼或礼物交换这样的文化实践,关注包括身份符号、图像甚至语言这样的文化表象。[40]

因此,从历史学科的角度来看,要是碰见有人基于文化史学家之间的争论提供的事实,声称"考古学要么是文化史,要么什么都不是",并且呼吁"文化考古学",这一点都不奇怪。人们对文化史的兴趣在向史前考古学延伸,但或许还是那些研究年代近一些的考古学家对文化史的兴趣最大。这类考古研究包括对宗教改革的研究,换句话说,就是研

---

〔39〕 David Matless, *Landscape and Englishness*, 1988.

〔40〕 Grahame Clark, *Symbols of Excellence: Precious Materials as Expressions of Status* (1986); Ian Hodder, *Reading the Past* (Cambridge, 1986); Colin Renfrew and Ezra Aubrow (eds.), *The Ancient Mind: Elements of Cognitive Archaeology* (Cambridge, 1994); Colin Renfrew, *Archaeology and Language: The Puzzle of Indo-European Origins* (1998); Ian Hodder (ed.), *Archaeological Theory Today* (Cambridge, 2001).

究文化运动对普通人们生活的影响，如在物质文化的变化中可以体现出来的那些，例如教堂陈设、墓碑和陶器等的变化。按术语的字面意义来说，考古学属于“自下而上的历史”。[41]

生物学与文化史相距较远，也被一些人看作是它的相邻学科，因为动物也有“通过学习来实现分享”的文化，显而易见的例子是黑猩猩。一方面，在生物进化和社会进化之间存在着类比，在自然选择和那种可以描述为“文化选择”的行为之间也存在着类比。[42] 另一方面，历史学家关注的是近几百年而不是整个人类进化的进程，因此，他们在别的时段也许会了解更多的东西。

141

如果说文化史学家在不久的将来会从另一个学科得到启发，那我敢肯定地说那就是生态学。这个预测也许看上去有些不靠谱，因为生态学家所关注的实质上是物质环境而不是文化。尽管如此，物质环境虽然不是以决定的方式，但却是以限制其可用选项的途径，构型了文化。不管怎么说，我现在主要考虑的是文化史学家如何挪用生态学家的概念，如“生态位”(niche)，而并没有太多地去考虑文化和环境之间关系的研究。有很多概念都是可加工的词语，比如竞争、侵入、种群隔离和演替，这些词本身似乎就是可供挪用的。语言历史学家如挪威人埃纳尔·豪根(Einar Haugen)已经开了头。[43] 谁将跟上去呢？

为了把前一部分讨论的不同研究方法加以综合观照，我们也许该

---

〔41〕 Ian Morris, *Archaeology as Cultural History*(2000), esp. 3-33, art 3; David Gaimster and Roberta Gilchrist, *The Archaeology of Reformation, 1480-1580*(Leeds, 2003), 2.

〔42〕 Gary Taylor, *Cultural Selection*(New York, 1996); Agner Fog, Cultural Selection (Dordrecht, 1999); Garry Runciman, *The Theory of Cultural and Social Selection*(Cambridge, 2009); Marion Blute, *Darwinian Sociocultural Evolution*(Cambridge, 2010).

〔43〕 Einar Haugen, *The Ecology of Language*(Standford, 1972).

理由充分地转向文化研究,不管它本身就是一门学科,还仅仅是多个学科共享的一片领域。不过,文化研究的实践没有它的理论那么宽泛,或者至少没有它的口号那么宽泛,对这一运动进行一个简短的描述也许会给我们一些启示。

英国文化研究的发展要归功于雷蒙·威廉斯、理查德·霍加特和斯图亚特·霍尔三人的共同努力。现在它已经闻名于世了。在美国,类似的跨学科运动要比英国早一代人出现,那是在"美国研究"的旗帜下开展起来的。在英语世界的其他国家,主要是在澳大利亚,CS(Cultural Studies 的简称)加入的是英国范式的行列,在这一范式里文学占主导地位。在其他地方,比如在德语国家,对文化研究的兴趣也染上了当地传统的色彩,这在法兰克福学派(Frankfurt School)的文化批评和阿比·瓦尔堡的"文化研究"里得到了体现。在法国,尽管结构主义文化批评家罗兰·巴特或社会学家埃德加·莫兰(Edgar Morin)的文化研究路径与霍尔、霍加特和威廉斯的方法互为平行,但人们对文化研究的理论依旧陌生。[44]

文化研究的崛起一直被看作对一些学科,如文学、艺术史学甚至人类学的威胁。另一方面,文化研究自身由于子学科的兴起,如性别研究、后殖民研究、记忆研究、电影研究、翻译研究和时尚研究等,在某种程度上也受到威胁,当然从另一层意义上说也是得到加强。[45] 这些学科或准学科中的一部分从文化研究中发展起来,但同时又宣称独立于

142

〔44〕 Ronald Barthes, *Mythologies*(1956; English trans. 1973); Edgar Morin, *Le Cinéma: ou, L'Homme imaginaire, essdi d'anthropologie sociologique*(Paris, 1956).

〔45〕 Peter Wade(ed.), *Cultural Studies will be the Death of Anthropology*(Manchester, 1997).

文化研究，这就像文化研究曾经对文学所宣称的那样，因为它已经有了自己的一套定式。基于存在着学术派别和学术领地（这一点前面已经注意到），这些学科在思想层面互相补充，但在社会层面又互相竞争。

20 世纪 60 年代，文化研究的确立是对社会需求的反应，也是对学校和大学将重心置于批评传统高雅文化的反应。从积极层面来说，它既回应了商业、广告业和影视业要理解文化和亚文化的需要，也回应了青少年和移民同样的需要。从思想上说，20 世纪 60 年代文化研究的兴起，既与从马克思主义角度研究文化和社会关系的重要性在上升同步，也与结构主义的时尚同步。

在转向准学科的问题时，我们来聚焦英国并提出三个基本问题可能会有帮助。第一，英国的文化研究是否过于岛国性？答案是肯定的，因为只有同其他文化进行持续比较才可能定性出什么是不列颠的，或者偶尔说，什么是英格兰的。第二，英国的文化研究有足够的史学特征吗？当然不是，尽管有雷蒙·威廉斯和爱德华·汤普森的例子也还不能这么说。第三，英国的文化研究过于局促于社会吗？肯定是这样。颇具讽刺意味的是，一种以反对排外起步的研究路径，现在自身却已经变得极其排外。高雅文化（此外又可称为“准则”和“经典”）有必要成为文化研究的一部分，这完全不是因为高雅文化和大众文化之间有经常的互动和交流的原因。被打上文化研究标签的学科间交叉，无疑需要囊括研究各个阶段的文化史学家，那是一批像人类学家那样训练有素的群体，他们将文化看作一个整体，这样，既不必去假定不同文化之间的和谐，也不必考虑它们的同质性。[46]

---

〔46〕 John R. Hall, ‘Theorizing Hermeneutic Cultural History’, in Friedland and Mohr, *Matters of Culture*, 110-39.

三　争论中的文化

众所周知的“文化战争”进一步激发了人们对文化史的兴趣。一个主要的冲突是关于文化经典,尤其关于某一特定文化里的“经典书写”(great books)和“文化书写”;换句话说,也就是指“所有具有读写能力的读者拥有的”“共同知识及其联想物”(对文化同质的假定值得注意)。对经典持批评态度的人已经批判了经典书写中只重视“逝去的白种男性”;而经典书写的支持者则指出,拒绝文化经典会导致文化贫困。[47] 这一冲突因发生于美国的争论而广为人知。在这次争论中,女权主义者和美国黑人学者在批评者中很有名气。但冲突也影响到其他一些国家。例如,有一个委员会发表了一篇关于荷兰学校教育的报告,报告称学校应该向小学生讲授荷兰文化,报告的标题就是“荷兰经典”。[48]

143

用于支持经典,或者使文本和其他文化术语经典化的一个理由,就是要帮助移民变成新文化体里的好公民。这就给我们带来了第二个主要冲突或是争论的范围,亦即“多元文化主义”。这是一个既具有描述性又具有规范性,还有点模糊的概念。从描述性层面来说,它是指不同文化背景的人们在同一个空间(不管是国家、城市或是街道)里共同生

---

〔47〕 E. D. Hirsch, *Cultural Literacy: What Every American Needs to Know* (Boston, 1987), 2, 135; Allan Bloom, *The Closing of the American Mind: How Higher Education Has Failed Democracy and Impoverished the Souls of Today's Students*, (New York, 1987); Harold Bloom, *The Western Canon: The Books and Achool of the Ages*(New York, 1994).

〔48〕 Frits Van Oostrom(ed.), *Entoen. nu. De Canon van Nederland*(The Hague, 2006); Reid, Geleijnse and Van Tol, *De Gustiruscge Canon van Fokke & Sukke*(Alphen, 2007).

活。很明显，多元文化主义在过去的一代人中不仅已经变得显而易见，而且越来越重要。就规范性而言，围绕它的争论十分激烈，这里的多元文化主义指的是这样一种政策，即鼓励移民保留原有的文化认同，而不是融入或被整合进他们移入的那个文化体。

从这些辩论中产生了对文化观念的批判，而若没有这种观念，辩论本身也是不可能的。

这些批判中有一个典型实例，即理查德·福特(Richard Ford)从一个律师的视角围绕"种族文化"展开的讨论。这次讨论围绕1981年勒妮·罗杰斯(Renee Rogers)诉美国航空公司案展开。在这一诉讼案中，原告反对航空公司的一条禁令：禁止雇员留辫子发型；原告诉称，这一规定粗暴地伤害了她的文化属性。罗杰斯及其律师认为，这种辫子发型体现了黑人妇女在美国社会里的文化历史本质特征。福特关注的却是法律层面的问题：这一诉称意味着黑人妇女都要被迫留这样的发型吗？是否其他妇女，比如金发女人就应该被禁止留这样的发型？这一文化本质的其他组成部分是什么？如果黑人妇女可以借助文化本质（坚持什么），其他群体（比如肥胖症患者，或骑自行车者）也可以这样做吗？[49]

144

在更广泛的层面上，人们指出了在关于多元文化的辩论中所使用或暗示的文化概念所产生的困难，这往往与本书前几章所总结的关于文化史的辩论中所提出的观点相呼应。文化是同质的，还是其中存在着多样性甚至冲突的空间？分隔文化的边界在哪里，它们的有效性如何？什么才算得上是文化的"真实性"？[50]因为每个历史学家都知道，

---

〔49〕 Richard T. Ford, *Racial Culture: A Critique*(Princeton, 2005).

〔50〕 Anne Phillips, *Multiculturalism Without Culture*(Princeton, 2007).

传统会随着时间的推移而改变。至少可以说,应谨慎地从更多或更少的角度,而不是从非此即彼的角度来讨论这些问题,将文化描述为或多或少的同质性、或多或少的弹性、或多或少与邻国的明显区别,等等,从而摆脱"本质化"的危险。

从围绕文化经典和多元文化的争论中,我们可以得到这样一个结论:尽管不能期待文化史学家解决当今的问题,但是对文化史的研究或许可以让人们以更清晰的头脑去思考其中一些问题。正如巴西历史学家吉尔贝托·弗雷尔(Gilberto Freyre)在 1950 年所言:在民族主义语境下所致力的政治史和军事史研究,常常会促使不同的民族彼此分离,而"社会和文化史的研究"就是或可能是一个"将不同民族联系到一起"的方式,并且打开"不同民族之间相互理解和交流"的渠道。[51]

四 自然转向

正如我们所看到的,文化史一开始是一种挑战,是对挑战者所嘲笑的"锣鼓与喇叭"历史的一种"反击",它过于沉湎于辩论。然而到今日,文化史本身也受到了挑战。"文化"这一概念受到了抨击。一些历史学家批评文化研究的运用,认为文化"不应该成为一种解释的万能灵药";而一些人类学家则完全放弃了它,认为它的含义过于模糊。[52] 145
对于第二种批评,人们可能会回答说,该概念需要模糊才能发挥将各种

〔51〕 Gilberto Freyre, 'Internationalizing Social Science', in H. Cantril (ed.), *Tensions that Cause Wars* (Urbana, 1950), 139-65, at 142-3.

〔52〕 Lila Abu-Lughod, 'Writing Against Culture', in R. G. Fox (ed.), *Recapturing Anthropology* (Santa Fe NM, 1991), 137-62; Reynolds, 'International History', 90.

现象综合在一起的功能，并且如果要发明另一个术语来完成相同的工作，它也不可避免地会受到类似的批评。

尽管“自然转向”将自然与文化区隔开来，这一点本身已经受到批评甚至被拒绝，但我们或许可以把它作为历史研究中“文化转向”的后继者这样来评说。[53] 历史实践中发生变化的一个显例自然还是近期环境历史的兴起。

在这个关注地球未来的时代，这一兴起并不难预测。迄今为止，环境历史已经取得了许多成就。在什么意义上这对文化史学家是一个挑战呢？像政治史的存在一样，环境史形式本身的存在并不是一种挑战。举例说，写出环境的文化史是可能的，而写出对自然的态度改变的文化史是可能的，甚至写出气候的文化史也是可能的。[54]

但是，撰写环境史不只是涉及将我们的注意力从文化转移到周围的自然环境这么简单。在过去半个世纪左右的时间里，一些历史学家一直在与相邻学科的同事进行对话（无论是面对面交流还是隔空交流），交流不仅涉及人类学，还涉及社会学、经济学、文学和考古学。另一方面，环境历史学家还发现了新邻居，开始与地质学家、气候学家、植物学家和其他自然科学家相互联系。

类似的自然转向还出现在对情感和感官的研究中。如我们所见，文化史学家有时会受人类学家的启发，他们已经写了关于情感的历史，专注于描述爱、恐惧等情感的语言，以及研究表达或压抑情感的不同规则。就在最近，受到神经科学启发的情感史学家已经出现，他们开始谈论“神经史”或“深层历史”。旧的群体倾向于认为，每种文化都有其自

---

〔53〕 Philippe Descola, *Beyond Nature and Culture*(Chicago IL, 2013).

〔54〕 Behringer, *A Cultural History of Climate*.

己的情感系统,而新的群体则倾向于强调,“那些基本情绪”是无时无处不在的。在感官史以及所谓的“神经元艺术史”领域也有类似的趋势。[55] 146

对文化史的最新挑战是非人类历史的崛起,这是“后人文学”(Posthumanities)的一部分。将其称为挑战,我所指的并不包括“大历史”,这是一个由比尔·盖茨资助的重要集体项目的名称;该项目对过去的描述从大爆炸开始,并提醒人类,他们这个物种在地球上出现的时间相对较短。[56] 对文化史的真正挑战来自相对较新的尝试,即试图写出动物和事物的历史,在这种历史里动物和事物也具有某种能动性。

后人类历史学家的中心论点是,直到现在,人类的成就需要非人类(从金属到微生物)的合作,而我们却过多地归功于自己。[57] 当然,黑死病和天花等疾病改变了历史进程并不是什么新闻,但是直到最近,历史哲学家几乎还很少注意到这一点,至少在英语世界,起主导作用的仍然是R. G. 柯林武德(R. G. Collingwood)。

就动物而言,我们要正视的,并且要开始重新书写的,不再只是人类役使马、牛和羊的历史,甚至也不再是宠物的历史,而是这样一种历史,其中包括了动物对人类统治的反应。[58]

即使是有关事物的历史,也是这样的情况,人类在某种意义上将它

[55] Daniel L. Smail, *On Deep History and the Brain*(Berkeley CA, 2008); John Onians, *Neuroarthistory*(New Haven CN, 2007).

[56] David Christian, *Maps of Time: An Introduction to Big History*(Berkeley CA, 2005).

[57] Timothy J. LeCain, *The Matter of History*(Cambridge, 2017).

[58] Hilda Kean, ‘Challenges for Historians Writing Animal-Human History’, Anthrozoös (25, supplement), 57-72, hildakean. com/wp-content/uploads/2012/10/anthrozoos-animal-human-history. pdf.

们视为主动而不是被动的物品。正如马蒂斯（Matisse）曾经说过的："客体是行动者。"比如说，物体经常抵制人类使用它们，或迫使人类以某种特定方式使用它们。再比如，射箭、射击步枪、用笔写字，或者在电脑上打字，必须使身体适应这个器物，以特定的方式站立、坐下，或以特定的方式握住物体，以此类推。

结 论

就“结论”一词的确切含义而言,对这本书做出任何“结论”都不合适。也许,新文化史正在走向其生命周期的终结;也许,有关文化史的一个更加宏大的故事正在展开。其多样化在持续,也在吸引着有才华的年轻学者。有些领域,例如语言文化史,才刚刚向历史研究开放。当前面临的各种问题还没有得到解决,至少没有得到让每个人都满意的解决,而新的问题又必定会产生出来。因此,以下的叙述不能当作正式的结论,仅仅是表达个人的几点看法。同行们很有可能未必会都同意这些看法。

147

文化史在上一代人当中成为一座舞台,人们围绕着历史研究方法展开了一些让人激动同时又具有启发意义的讨论。当然,正如前面所讨论的,这里的“文化史”一词是在完全不同的意义上使用的。与此同时,像社会史学家同行一样,文化史学家不仅让历史更接近于广大的公众,而且扩展了历史学家的领域。

尽管如此,我在这里并没有主张,而且实际上也并不相信文化史是历史学的最佳形式。它只不过是集体性的历史学研究事业中一个必不可少的部分而已。这种研究过去的方法像它的邻近领域,诸如经济史、政治史、思想史和社会史一样,对于我们把历史看作一个整体,即法语中以前常说的“整体史”,做出了不可或缺的贡献。

148 文化史近来成了一种时尚，为包括我本人在内的实践者提供了令人满足的经历。像在其他学科一样，历史研究领域里也已经出现反“文化”的反应。尽管如此，我们文化史学家必须尽力去确保文化转向带来的历史洞察力不至于丢失。

历史学家们，尤其是经验主义的历史学家，或“实证主义”的历史学家，过去常常苦于缺乏想象力，他们当中的许多人对符号学缺乏足够的敏感，还有许多人把历史档案看作一眼就可看穿的东西，不再费心去关注或根本不关注其中的修辞。他们当中的许多人忽视了人的某些动作，例如祷告时是用两个指头还是三个指头在胸前画十字，正如上文所提，而把它们“仅仅”看作一种无足轻重的仪式，“仅仅”看作符号而已。[1] 像文化人类学家一样，文化史学家经过一代人的努力之后，已经证明了这种实证主义研究方法固有的弱点。无论历史学的未来如何，都不应该回到想象力的贫乏中去。在艺术学、文学、宗教学、政治学乃至日常生活里，都还有空间可以拓展，也有符号学的洞见可以挖掘。

---

〔1〕 Peter Burke, ‘The Repudiation of Ritual in Early Modern Europe’, in *Historical Anthropology of Early Modern Europe*(Cambridge, 1987), 223-38; ‘The Rise of Literal-Mindedness’, *Common Knowledge*, 2: 2(1993), 108-21.

文化史论著选目(1860—2017)

我想强调的是,下列书目自第一版以来有所增扩,取舍是我个人的选择。书名都以原著语言形式呈现,当然有许多非英文书也已经有了英文版。

1860	Burckhardt, *Kultur der Renaissance in Italien*
1889	Gothein, *Die Aufgabe der Kulturgeschichte*
1894	Troels-Lund, *Om kulturhistorie*
1897	Lamprecht, '*Was ist Kulturgeschichte?*'
1904	Weber, *Protestantische Ethik*
1919	Huizinga, *Herfsttij der Middeleeuwen*
1927	Beard and Beard, *Rise of American Civilization*
1932	Dawson, *Making of Europe*
1932	Warburg, *Die Erneuerung der heidnischer Antike*
1933	Freyre, *Casa Grande e Senzala*
1934	Willey, *Seventeenth-Century Background*
1936	Young, *Victorian England*
1939	Elias, *Über den Prozess der Zivilisation*
1942	Febvre, *Problème de l'incroyance*

1947	Klingender, *Art and the Industrial Revolution*
1948	Castro, *España en su historia*
1948	Curtius, *Europäisches Literatur und lateinisches Mittelalter*
1948	Freyre, *Ingleses no Brasil*
1948	Giedion, *Mechanization Takes Command*
1951	Panofsky, *Gothic Architecture and Scholasticism*
1952	Keene, *The Japanese Discovery of Europe 1720-1830*
1954	Needham, *Science and Civilization in China*
1958	Buarque de Holanda, *Visões do Paraíso*
1958	Nef, *Cultural Foundation of Industrial Civilisation*
1958	O'Gorman, *La invención de América*
1958	Williams, *Culture and Society*
1959	Hobsbawm, *Jazz Scene*
1959	León-Portilla, *Visión de los vencidos*
1959	Smith, *European Vision and the South Pacific*
1960	Lord, *Singer of Tales*
1963	Abu-Lughod, *The Arab Rediscovery of Europe*
1963	Thompson, *Making of the English Working Class*
1965	Bakhtin, *Tvorchestvo Fransua Rable*
1965	Dodds, *Pagan and Christian in an Age of Anxiety*
1967	Braudel, *Civilisation matérielle et capitalisme*
1971	Thomas, *Religion and the Decline of Magic*
1972	Baxandall, *Painting and Experience in Fifteenth-Century Italy*
1972	Burke, *Culture and Society in Renaissance Italy*
1973-7	Zeldin, *France 1848-1945*

1973 White, *Metahistory*

1975 Certeau, *Une Politique de la langue*

1975 Davis, *Society and Culture in Early Modern France*

1975 Foucault, *Surveiller et punir*

1975 Le Roy Ladurie, *Montaillou*

1976 Ginzburg, *Il formaggio e i vermi*

1977 Levine, *Black Culture and Black Consciousness*

1978 Burke, *Popular Culture in Early Modern Europe*

1978 Camporesi, *Il Paese della Fame*

1978 Duby, *Les Trois Ordres*

1978 Humphreys, *Anthropology and the Greeks*

1978 Said, *Orientalism*

1978 Skinner, *Foundations of Modern Political Thought*

1979 Frykman and Löfgren, *Kultiverade människan*

1979 Lyons, *Culture and Anarchy in Ireland*

1979 Schorske, *Fin-de-Siècle Vienna*

1980 Brown and Elliott, *A Palace for a King*

1980 Greenblatt, *Renaissance Self-Fashioning*

1980 Petrucci, *La scrittura*

1981 Christian, *Local Religion in Sixteenth-Century Spain*

1981 Gurevich, *Problemy srvednevekovoi narodnoi*

1981 Le Goff, *Naissance du Purgatoire*

1981 Wiener, *English Culture and the Decline of the Industrial Spirit*

1982 Corbin, *Le Miasme et la jonquille*

1982 Demos, *Entertaining Satan*

1982	Isaac, *Transformation of Virginia*
1982	Lewis, *The Muslim Discovery of Europe*
1982	Wyatt-Brown, *Southern Honor*
1983	Anderson, *Imagined Communities*
1983	Hobsbawm and Ranger(eds.), *Invention of Tradition*
1984	Darnton, *Great Cat Massacre*
1984-98	Gay, *Bourgeois Experience*
1984	Hunt, *Politics, Culture and Class in the French Revolution*
1984-93	Nora(ed.), *Lieux de Mémoire*
1984	Spence, *The Memory Palace of Matteo Ricci*
1985	Jouhaud, *Mazarinades*
1985	Mintz, *Sweetness and Power*
1985	Sahlins, *Islands of History*
1985	Vigarello, *Le Propre et le sale*
1986	Hodder, *Reading the Past*
1986	McKenzie, *Bibliography and the Sociology of Texts*
1987	Bynum, *Holy Feast and Holy Fast*
1987	Campbell, *Romantic Ethic and Spirit of Consumerism*
1987	Davis, *Fiction in the Archives*
1987	Pomian, *Collectionneurs, amateurs et curieux*
1987	Schama, *Embarrassment of Riches*
1988	Briggs, *Victorian Things*
1988	Brown, *Body and Society*
1988	Chartier, *Cultural History*
1988	Greenblatt, *Shakespearian Negotiations*

1988 Guha and Spivak(eds.), *Selected Subaltern Studies*

1988 Mitchell, *Colonizing Egypt*

1989 Fischer, *Albion's Seed*

1989 Freedberg, *Power of Images*

1989 Hunt(ed.), *New Cultural History*

1989 Roche, *Culture des apparences*

1990 Crouzet, *Guerriers de Dieu*

1990 Inden, *Imagining India*

1990 Kagan, *Lucretia's Dreams*

1990 Porter, *Mind-Forg'd Manacles*

1990 Winkler, *Constraints of Desire*

1991 Bremmer and Roodenburg(eds.), *Cultural History of Gesture*

1991 Clendinnen, *Aztecs*

1991 Clunas, *Superfluous Things*

1991 Passerini, *Mussolini imaginario*

1991 Thomas, *Entangled Objects*

1992 Alberro, *Les Espagnols dans le Mexique colonial*

1992 Burke, *Fabrication of Louis XIV*

1992 Lisón-Tolosana, *La imagen del rey*

1992 Schindler, *Widerspenstige Leute*

1992 Walkowitz, *City of Dreadful Delight*

1993 Bartlett, *Making of Europe*

1993 Biagioli, *Galileo Courtier*

1993 Brewer and Porter(eds.), *Consumption and the World of Goods*

1993 Blackbourne, *Marpingen: Apparitions of the Virgin Mary in Bis-*

	marckian Germany
1993	Shoshan, *Popular Culture in Medieval Cairo*
1994	Corbin, *Les Cloches de la terre*
1994	Lotman, *Besedy o russkoj kul'ture*
1994	Schmitt, *Histoire des revenants*
1994	Shapin, *Social History of Truth*
1994	Smith, *Business of Alchemy*
1994	Stearns and Stearns, *American Cool*
1995	Petrucci, *Scritture ultime*
1995	Wortman, *Scenarios of Power*
1996	Bayly, *Empire and Information*
1996	Fujitani, *Splendid Monarchy*
1997	Bremmer and Roodenburg(eds.), *Cultural History of Humour*
1997	Brewer, *Pleasures of the Imagination*
1997	Dekker, *Lachen in de Gouden Eeuw*
1998	Brook, *The Confusions of Pleasure*
1998	Inglis, *Sacred Places*
1998	Johns, *The Nature of the Book*
1998	Kornicki, *The Book in Japan*
1998	Schwarcz, *As barbas do imperador*
1999	Clendinnen, *Reading the Holocaust*
1999	Gruzinski, *La Pensée métisse*
1999	Hoy, *Chasing Dirt*
1999	Hunt and Bonnell(eds.), *Beyond the Cultural Turn*
1999	Rubin, *Gentile Tales*

1999 Scott, *Seeing like a State*

1999 Thiesse, *La Création des identités nationales*

2000 Behringer, *Kulturgeschichte des Klimas*

2000 Burke, *Social History of Knowledge*

2000 Drayton, *Nature's Government*

2000 Elman, *A Cultural History of Examinations*

2000 Groebner, *Gefährliche Geschenke*

2000 Nagy, *Le Don des larmes au Moyen Age*

2000 Martin, *Naissance du livre moderne*

2000 St George(ed.), *Possible Pasts*

2000 Secord, *Victorian Sensation*

2001 Bouza, *Corre Manuscrito*

2001 Craveri, *La civiltà della conversazione*

2001 Dirks, *Castes of Mind*

2001 Higashibaba, *Christianity in Early Modern Japan*

2001 Reddy, *Navigation of Feeling*

2002 Lloyd, *Ambitions of Curiosity*

2003 Clark(ed.), *Culture Wars*

2004 Gruzinski, *Les Quatre Parties du monde*

2004 Ikegami, *Bonds of Civility*

2004 Koerner, *Reformation of the Image*

2004 Peterson, *Creative Writing*

2004 Roodenburg, *The Eloquence of the Body*

2005 Bourke, *Fear*

2005 Chartier, *Inscrire et effacer*

2005 Lilti, *Le Monde des salons*

2005 Metcalf, *Go-betweens and the Colonization of Brazil*

2006 Berry, *Japan in Print*

2006 Biow, *The Culture of Cleanliness in Renaissance Italy*

2006 Capuzzo, *Culture del Consumo*

2006 Clark, *Academic Charisma*

2006 Füssel, *Gelehrtenkultur als symbolische Praxis*

2006 Pollock, *The Language of the Gods in the World of Men*

2007 Clark, *Vanities of the Eye: Vision in Early Modern European Culture*

2007 Clunas, *Empire of Great Brightness*

2007 Kalof and Resi, *Cultural History of Animals*

2007 Kelly, *Children's World: Growing Up in Russia*

2007 Muchembled (ed.), *Cultural Exchange in Early Modern Europe*

2007 Mulsow, *Die unanständige Gelehrtenrepublik*

2007 Rüger, *The Great Naval Game*

2008 Cook, Glickman and O'Malley, *The Cultural Turn in US History*

2008 Gilman, *Obesity*

2008 Halttunen, *Companion to American Cultural History*

2008 Mösslang and Riotte, *The Diplomat's World*

2008 Ory, *L'invention du bronzage*

2008 Waquet, *Enfants de Socrate*

2010 Foyster and Marten, *Cultural History of Childhood*

2010 Peakman, *Cultural History of Sexuality*

2010 Rublack, *Dressing Up*

2011 Greenblatt, *The Swerve*

2011 Österberg, *Tystnader och Tider*

2012 Assmann, *Cultural Memory*

2012 Bredekamp, *Leibniz und die Revolution der Gartenkunst*

2012 Parasecoli and Scholliers, *Cultural History of Food*

2013 Boucheron, *Conjurer la peur*

2013 Leslie and Hunt, *Cultural History of Gardens*

2013 Kalof, *Cultural History of Women*

2014 Classen, *Cultural History of the Senses*

2014 Füssel and Sikora, *Kulturgeschichte des Schlachts*

2014 Kalof and Bynum, *Cultural History of the Human Body*

2014 Lilti, *Figures Publiques*

2015 Clements, *A Cultural History of Translation in Early Modern Japan*

2015 Jütte, *The Strait Gate*

2015 Poirrier, *La grande guerre*

2015 Waquet, *Ordre matériel du savoir*

2016 Poirrier, *Histoire de la culture scientifique en France*

2016 Trentmann, *Empire of Things*

2016 Vincent, *A Cultural History of Dress and Fashion*

2017 Balme and Davis, *A Cultural History of Theatre*

2017 Gonzaléz García, *Eyes of Justice*

2017 Winter, *War Beyond Words*

推荐阅读书目

关于文化的各种概念和文化史的历史,请参阅以下著作:

Raymond Williams,*Culture and Society*(1958);

Peter Burke,*Varieties of Cultural History*(Cambridge,1997);

Adam Kuper, *Culture: the Anthropologist's Account*(Cambridge, MA, 1999)。

本著中讨论的特定论题,文本中引用的例证,以及脚注中的著作,都应被看作推荐阅读书目。

下面推荐的25本书目,是对1980年以来出版的一流专著的精选,都有英文版可售,这些著作涉及的空间、时间和论题都非常广泛。

Keith Baker, *Inventing the French Revolution*(Cambridge, 1990). 这是一本新文化史研究风格的著名论文集。

Robert Bartlett, *The Making of Europe: Conquest, Colonization and Cultural Change, 950-1350*(1993). 本书是对欧洲边界扩张的文化影响进行的卓具雄心的原创性研究。

Hans Belting, *Likeness and Presence: A History of the Image Before the Era of Art*(1990; English trans. Chicago IL, 1994). 本书作者是一位艺术史学家,他将艺术观念历史化了。

Mary Elizabeth Berry, *Japan in Print: Information and Nation in the Early Modern Period*(Berkeley CA, 2006). 本书论证出版相关书籍对民族意识的激励作用。

Patrick Boucheron, *The Power of Images*(Cambridge, 2018). 本书语言生动,对意大利锡耶纳市政厅里著名的《好政府与恶政府》壁画进行了原创性再诠释,它取代了洛沦采蒂以政治、社会和文化为语境的画作。

John Brewer, *The Pleasures of the Imagination: English Culture in the Eighteenth-Century*(1997). 这是一本研究第一个商业时代英国文化社会史的力作。

Peter Brown, *The Body and Society: Men, Women and Sexual Renunciation in Early Christianity*(1988). 这是一部由一位最为出色的近古史专家撰写的极具原创性的专著。

Roger Chartier, *Cultural History: Between Practices and Representations* (Cambridge, 1988). 本著收入8篇论文,论述近代早期的法国,旨在描述其文化史上的主要问题。

Rebekah Clements, *A Cultural History of Translation in Early Modern Japan*(Cambridge, 2015). 本书对文化之间和语言之间的传译进行了典范式的研究。

Craig Clunas, *Empire of Great Brightness: Visual and Material Cultures of Ming China, 1368-1644*(2007). 本书对视觉文化史研究做出了出色的原创性贡献。

Alain Corbin, *The Foul and the Fragrant: Odor and the French Social Imagination*(1982; English trans. Leamington Spa, 1986). 本书尝试对历史地图进行了研究。

Thomas Crow, *Painters and Public Life in Eighteenth-Century Paris* (Princeton NJ, 1985). 本著研究了绘画的政治史,从哈贝马斯及其有关公共领域的思想里汲取内容。

Carlo Ginzburg, *Myths, Emblems, Clues* (1986; English trans. 1990). 这是一本论文集,其中收入了一篇著名的论述历史证据作为一连串线索的文章。

Carol Gluck, *Japan's Modern Myths: Ideology in the Late Meiji Period* (Princeton NJ, 1985). 本书对西方化和现代化的相遇进行了典范式研究。

Serge Gruzinski, *Conquest of Mexico: The Incorporation of Indian Societies into the Western World* (1988; English trans. Cambridge, 1993). 本书对文化相遇与社会想象之间的关系进行了出色研究。

Eiko Ikegami, *Bonds of Civility: Aesthetic Networks and the Political Origins of Japanese Culture* (Cambridge, 2005). 本书是一部杰出的原创性研究成果,将日本从诗歌社会的形成到公共领域的兴起连接了起来。

Kenneth S. Inglis, *Sacred Places: War Memorials in the Australian Landscape* (Melbourne, 1998). 本书对一战的文化记忆和纪念物进行了令人难忘的解读。

Daniel Jütte, *The Strait Gate: Thresholds and Power in Western History* (New Haven CN, 2015). 本书作者运用民俗学和人类学以及历史研究中的观点,对"门、大门和钥匙,以及西方文化中的希望与焦虑进行了研究"。

Gábor Klaniczay, *The Uses of Supernatural Power* (Cambridge, 1990). 本书收入论述中欧历史的 10 篇论文,内容广泛,涉及圣徒、巫医、胡须和笑声。

Joseph Lee Koerner, *The Reformation of the Image*(2004). 本书对16世纪后期的德国进行了深入研究,论题围绕新教艺术中运用图像去证明展示出来的是不可见的这一悖论而展开。

Antoine Lilti, *The Invention of Celebrity, 1750-1850* (Cambridge, 2017). 本书证明了对名声的崇拜的历史可能会比人们以为的要更久远,文中讨论了卢梭、拜伦以及他们那一代人中的其他人的态度。

Derek Peterson, *Creative Writing: Translation, Bookkeeping, and the Work of Imagination in Colonial Kenya*(2004). 本书深入研究了西方传教士与班图人的相遇,分析了识读能力的各种用途。

Ulinka Rublack, *Dressing Up: Cultural Identity in Renaissance Europe* (Oxford, 2010). 本书聚焦德国,将服饰史整合进更广泛的社会文化史中进行研究。

Steven Shapin, *A Social History of Truth: Civility and Science in Seventeenth-Century England*(Chicago IL, 1994). 本书将社会文化的研究方法应用于科学史研究,并进行了有说服力的结合。

Jay Winter, *Sites of Memory, Sites of Mourning: The Great War in European Cultural History*(Cambridge, 1995). 本书证明将战争经历整合进文化史或许是可行的。

索　引

(页码为本书边码)

A

B

C

D

E

F

G

H

I

J

K

L

M

O

P

R

S

T

W

Y

Z